I0171813

R.E.I. Editions

Tutti i nostri ebook possono essere letti sui seguenti dispositivi:
- Computer
- eReader
- iOS
- Android
- Blackberry
- Windows
- Tablet
- Cellulare

Susan Daniel

Cristalloterapia

ISBN: 978-2-37297-0723

Pubblicazione: ottobre 2015
Nuova edizione riveduta e aggiornata: gennaio 2023

Susan Daniel

Cristalloterapia

R.E.I. Editions

Indice

Cristalloterapia 11

Acquamarina 19

Agata 21

Alessandrite 24

Amazzonite 25

Ambra 27

Ametista 29

Ametrino 31

Angelite 32

Antimonite 33

Apatite 34

Apofillite 35

Aragonite 36

Astrofillite 37

Atlantisite 38

Avventurina 39

Azzurrite 41

Biotite 42

Blenda 43

Boji Stone 44

Calcedonio..45

Calcite Gialla 46

Celestina...47

Cianite 48

Corallo..49

Corniola..50

Crisocolla 52

Diaspro...53

Eliotropio..55

Ematite 56

Fluorite...57

Galena 58

Giada..59

Granato...60

Howlite..61

Jaietto 62

Labradorite 63

Lacrima d'Apache......................................64

Lapislazzuli 65

Larimar 67

Magnetite 68

Malachite 70

Mookaite 71

Occhio di Bue 72

Occhio di Falco 73

Occhio di Gatto 74

Occhio di Tigre 75

Onice Bianco 77

Opale 78

Opale Boulder 79

Opalite 80

Ossidiana 81

Pietra del Sole 83

Pietra di Luna 84

Pirite 86

Quarzo Citrino 87

Quarzo Fumé 88

Quarzo Ialino 89

Quarzo Rosa 90

Quarzo Rutilato 91

Quarzo Tormalinato 92

Rodocrosite 93

Rodonite 94

Rubino 95

Selenite 97

Serafinite 98

Serpentino 99

Shiva Lingam 100

Shungite 101

Smeraldo 102

Sodalite 104

Sugillite 106

Tigre di Ferro 107

Topazio 108

Topazio Imperiale 110

Tormalina Nera 111

Turchese 112

Turchesite 114

Unakite 115

Zaffiro 116

Le Pietre dello Zodiaco 118

Ariete 121

Toro 123

Gemelli 125

Cancro 127

Leone 129

Vergine 131

Bilancia 133

Scorpione 135

Sagittario 137

Capricorno 139

Acquario 141

Pesci 143

Cristalloterapia

La cristalloterapia è una pratica complementare che usa l'energia dei cristalli, pietre preziose e semi preziose, per combattere i malesseri del corpo e della mente. Le proprietà delle pietre sono tante, ognuna merita un approfondimento a parte e, se intendiamo avvicinarci alla cristalloterapia, dobbiamo conoscere queste proprietà, così da scegliere la pietra più adatta in base alle nostre esigenze. La cristalloterapia si basa sull'analisi dei chakra e prevede la loro cura attraverso le pietre.

Se uno o più dei nostri chakra non "funzionano" correttamente, ne risentiamo a livello fisico e spirituale; le pietre, grazie alle loro energie, ristabiliscono l'equilibrio.

Dalla filosofia yoga la cristalloterapia ha assimilato il concetto di "chakra" che sono le sette zone del nostro corpo dove si concentra l'energia. Le pietre, come le piante e gli animali, fanno parte della natura e sarebbero, quindi, in grado di emettere energia e vibrazioni ed essendo materia allo stato di equilibrio perfetto, sarebbero capace di trasmettere influssi positivi.

Bisogna però tenere sempre presente che le "pietre" non hanno alcun potere curativo proprio, per cui non possono sostituire l'opera del medico o eventuali farmaci ma, secondo un concetto orientale, applicati ai vari chakra, possono agire solo per affinità vibratoria. Nella Cristalloterapia si usano come principi terapeutici di applicazione quelle zone del corpo umano ove esistono le principali corrispondenze dei centri energetici o di riflesso, che si riscontrano anche nello studio dei meridiani dell'Agopuntura, dello Yoga e dell'Ayurveda, e che non sono in contraddizione con l'attuale ricerca scientifica.

La cosa principale per poter attuare la Cristalloterapia, ovviamente, è l'avere a disposizione una certa quantità base di cristalli, gemme, pietre.

Importante è la scelta dell'esemplare, ma ancora più importante è che esso non sia un'imitazione, non sia sintetico (riprodotto artificialmente) e non sia sofisticato (ad esempio alterato nella colorazione originale). Successivamente i cristalli scelti vengono applicati nelle zone corrispondenti o intorno al corpo, seguendo degli schemi e procedure particolari, a seconda del tipo del minerale e ad altri parametri. La storia testimonia che le prime tracce relative alle capacità terapeutiche di pietre e cristalli sono state ritrovate in un papiro egizio risalente al 1600 a.c. Stando a quanto si può leggere oggi sull'argomento, pare che non esistessero luoghi e popoli presso i quali pietre e cristalli non venissero utilizzati regolarmente con finalità terapeutiche: dagli antichi Egizi ai nativi americani, dai Maya agli Atzechi e ai Tolzechi, fino ad arrivare agli aborigeni australiani, alle popolazioni celtiche e mediterranee.

In tutti questi popoli, e secondo tradizioni che affondano le loro origini in tempi remoti, alle persone malate venivano fatte portare al collo collane composte con vari tipi di pietre e cristalli: lapislazzuli, malachite e diaspro rosso erano alcuni dei più utilizzati e permettevano al disturbo e al dolore di attraversarle e di disperdersi.

Oltre agli antichi Egizi, alcuni fra i popoli originari dell'America del Nord hanno fatto uso continuo e metodico di pietre e cristalli per diverse finalità. Il più antico studioso che si sia occupato in modo particolarmente approfondito di quest'argomento e della cristalloterapia in generale fu il filosofo greco Teofrasto, vissuto circa 400 anni prima di Cristo.

Nel suo libro delle pietre, oltre a ribadire l'aspetto terapeutico dei cristalli, egli sottolinea come sia possibile distinguere con certezza il "sesso" delle pietre, se siano cioè maschili o femminili, in base alla tonalità del colore; si tratta di un elemento distintivo molto importante quando si usano i cristalli a fini curativi in quanto l'impiego di una delle due specie influisce notevolmente sui due aspetti essenziali dell'essere umano: Yin (femminile) e Yang (maschile).

Molti secoli dopo, quasi a fine Ottocento, John Hill, il traduttore inglese di tutta l'opera di Teofrasto, ipotizzò che le proprietà terapeutiche delle pietre si dovessero in particolare ai minerali metallici che contenevano. Certo, la medicina moderna storce il naso di fronte a questo tipo di terapia considerata non scientifica, ma è altrettanto vero che sciamani, uomini di medicina, guaritori di tutti i paesi del mondo l'abbiano utilizzata, e tuttora la utilizzano, per curare le persone. E con ottimi risultati.

Pietre e cristalli dunque rappresentano lo strumento che il guaritore usa per trasmettere l'energia della Terra e dell'Universo all'essere umano, energia alla quale si associa ovviamente quella intrinseca della pietra.

Nell'uomo l'assimilazione energetica delle terapie con i cristalli avviene attraverso l'aura e i centri di forza (chakra).

I cristalli e le pietre, disposti in maniera appropriata sui centri vitali del corpo (chakra) o nei punti nodali degli ambienti, aiutano a ristabilire e bilanciare il sistema di energie presenti, favorendo uno scambio energetico che stimola i meccanismi di cura naturali. Il cristallo, fungendo, quindi, da collettore di energia, sarebbe in grado di innescare il fenomeno dell'autoguarigione. La pietra giusta dovrebbe essere scelta in base al proprio carattere, alla personalità, al colore e anche alle situazioni contingenti.

Generalmente chi è attratto:

• Dall'acquamarina, è introspettivo e infonde calma.

• Dall'agata, è comunicativo, pratico, ed è capace di dare agli altri sicurezza.

• Dall'ambra, è di carattere dolce e sensibile, ma non ha ancora una personalità ben definita.

• Dal diamante, ama il lusso, la ricchezza, il potere.

• Dalla giada, è piuttosto pratico e sa superare facilmente le situazioni difficili.

• Dal rubino, possiede un discreto equilibrio psicofisico.

• Dallo smeraldo, tende all'introspezione e possiede buone capacità di analisi.

• Dal turchese, ama la tranquillità e la calma.

Inoltre chi ha preferenza per:

• Le pietre bianche, ha carattere intuitivo e creativo, ma è anche sognatore e un po' pigro.

• Le pietre gialle, ha una personalità dinamica e spesso vuole imporre il proprio punto di vista agli altri.

13

- Le pietre verdi, dà grande importanza all'armonia e ai sentimenti.
- Le pietre rosse, ha un carattere forte e volitivo.
- Le pietre azzurre, ama la serenità, è disponibile ma anche un po' ingenuo. Aspira ai grandi spazi e agli ideali elevati.
- Le pietre viola, ha un carattere tranquillo, meditativo ed è portato all'introspezione.
- Le pietre marroni, ha un carattere ordinato e metodico. Teme di lasciarsi sopraffare dai sentimenti.
- Le pietre nere, possiede magnetismo e fascino, una personalità inquieta e un po' misteriosa.

Valgono poi alcune regole generali:
E' preferibile portare pietre burattate cioè levigate.
Altra regola da seguire è quella di non portare mai la pietra zodiacale corrispondente al segno precedente.
Insieme alle pietre del proprio segno, bisognerebbe portare anche la pietra complementare che ha l'effetto di mitigare le asprezze e gli eccessi del proprio carattere.

Inoltre, le pietre sono strettamente collegate ai colori perché ne assorbono e ne riflettono le energie:
- Il diaspro, l'agata, il rubino e la corniola, pietre di colore rosso, hanno la proprietà di infondere vitalità e benessere.
- I topazi, i quarzi citrini e le pietre gialle in genere sono utili per vincere la timidezza; infatti, il giallo, colore del sole, infonde sicurezza ed energia.
- Il verde è il colore che mette in armonia con la natura e le pietre verdi come lo smeraldo e la malachite aiutano a ritrovare serenità.
- Le pietre blu, come il lapislazzuli e la sodalite, stimolano le attività intellettive.
- Il colore turchese racchiude l'energia del giallo e la serenità del blu e le pietre di questo colore sono ideali per chi soffre di ansia e di depressione.
- Le pietre viola, in particolare l'ametista, potenziano l'intuitività. Le pietre nere, come l'onice e l'ossidiana,

infondono coraggio. Le pietre di colore rosa sono efficaci per acquistare maggiore fiducia in se stessi.

Il quarzo rosa, portato come ciondolo al collo, in modo da toccare il chakra del cuore, aiuta a dare armonia a questo centro ma, tutte le pietre della famiglia dei quarzi, portate al collo conferiscono benessere perché purificano ed equilibrano i campi energetici del quarto e del quinto chakra. Volendo poi avere sempre accanto a sé la propria pietra, la si può indossare incastonata in un anello o in un bracciale o portarla nella borsa o in una tasca. L'importante è che sia all'interno della nostra aura, quell'alone di luce che circonda il corpo fin dalla nascita.

Una volta acquistati e portati a casa, è importante trovare un contenitore dove riporre i cristalli: meglio utilizzare un contenitore in materiale naturale come, ad esempio, il vetro, la porcellana, la ceramica o il legno. Non si utilizzino mai contenitori in materiale metallico (a meno che non si tratti di metalli nobili come l'oro o l'argento) o plastico. Soprattutto da evitare è il metallo in quanto rischia di compromettere la forza energetica delle pietre nonché le loro proprietà terapeutiche e spirituali. Se si parte con il concetto di usare i cristalli su se stessi o sulle persone, è altrettanto importante, una volta arrivate a casa, che le pietre vengano pulite. Esistono diversi metodi di pulizia, semplici e naturali. Prima di tutto devono essere lavate con acqua corrente abbondante o, meglio ancora, bisogna lasciarle a bagno per almeno ventiquattro ore completamente immerse in acqua, aggiungendo una piccola manciata di sale, fino o grosso. Dopo di che, bisogna toglierle dall'acqua e asciugarle attentamente con un panno pulito che, possibilmente, non rilasci tracce di fibra: già così sono pronte per essere utilizzate a livello terapeutico.

Un altro sistema per caricare le pietre a livello energetico è quello di esporle alla luce della luna. Deve, però, essere sempre quasi piena o piena e sempre in fase crescente, mai calante.

Questo perché la luna crescente propaga un'energia molto più forte rispetto a quella calante: nel limite del possibile, si cerchi di seguire il percorso di questo satellite, spostando le pietre, ad esempio, da una finestra all'altra.

15

Anche il sole va molto bene, facendo però attenzione a non esporle per troppo tempo o troppo spesso, in quanto i raggi ultravioletti rischiano di danneggiarle, facendo perdere loro la brillantezza tipica o il colore originale.

La pulizia dei cristalli deve essere, quindi, fatta con molta attenzione, anche se le operazioni indicate sopra sono sufficienti per un benefico ed efficace riutilizzo anche soltanto dopo mezza giornata.

Ogni cristallo possiede un proprio reticolo cristallino in cui gli atomi occupano un posto ben definito, vibrando in modo ritmico; in tal modo gli atomi trasmetterebbero le vibrazioni dell'energia presente nel guscio più esterno dove sono gli elettroni capaci di spostamento. Queste vibrazioni possono interagire con le cellule del nostro corpo ristabilendo l'armonia alterata e "poiché la malattia del corpo fisico è un riflesso delle disarmonie energetiche dei corpi materiali e si ha la guarigione quando viene ristabilito il loro equilibrio, è evidente che è sufficiente porre il cristallo adatto nell'area di disturbo energetico e permettergli di ristabilire l'equilibrio per ottenere la guarigione di tutti i diversi corpi, da quello fisico a quelli immateriali sui quali soprattutto si manifesta l'azione dei cristalli".

Le grandi famiglie di minerali sono essenzialmente divise in sette grandi gruppi; ogni pietra di questi gruppi possiede diverse particolarità, oltre a una sintonia con ciascuno dei sette chakra.

1. **Sistema Cubico o isometrico** (diamante, granato).
   Le forme più comuni sono il cubo e l'ottaedro. Si tratta di un sistema che presenta la massima simmetria cristallina: tre assi di uguale lunghezza che s'intersecano fra loro ad angolo retto.

2. **Sistema Esagonale** (smeraldo, acquamarina).
   Le forme più comuni sono il prisma e la doppia piramide. Si tratta di un sistema che presenta quattro assi: un asse verticale principale più lungo o più corto degli altri tre che sono invece uguali e si intersecano fra loro a 60°.

3. **Sistema Tetragonale** (zircone, rutilo).

Le forme più comuni sono il prisma a quattro facce e la doppia piramide tetragonale. Si tratta di un sistema che ha tre assi tutti perpendicolari fra loro: due di essi sono di lunghezza uguale, mentre il terzo è più lungo o più corro degli altri.

4. **Sistema Trigonale** (quarzo, zaffiro).
Le forme più comuni sono il prisma e il romboedro. I cristalli che appartengono a questo sistema talvolta vengono considerati come cristalli del sistema esagonale, in quanto comprende anche cristalli a sei facce.

5. **Sistema Triclino** (turchese, pietra del sole).
L'unica forma comune è il pinacoide, cioè una struttura a due facce parallele. Si tratta di un sistema che ha tre assi di lunghezza diversa i quali si intersecano con angoli che non sono mai retti.

6. **Sistema Ortorombico** (peridoto olivina, topazio).
Le forme più comuni sono il prisma rombico e la piramide con le estremità arrotondate. Si tratta di un sistema che ha tre assi i quali si intersecano tutti perpendicolarmente fra loro, di lunghezza differente.

7. **Sistema Monoclino** (giadeite, pietra di luna).
Le forme più comuni sono il prisma e il pinacoide. Si tratta di un sistema che ha tre assi di lunghezze differenti, due dei quali s'intersecano con angoli obliqui e il terzo è perpendicolare agli altri.

Anche la forma della pietra avrebbe un ruolo importante e alcune forme verrebbero preferite ad altre:
- Si ritiene che le pietre rotonde favorirebbero la fertilità.
- Le pietre quadrate sarebbero portatrici di prosperità e aiuterebbero a trovare il benessere fisico.
- Le pietre e i cristalli di forma triangolare, portati come ciondoli portafortuna, sarebbero protettrici.
- Le pietre di forma ovale, infine, favorirebbero la creatività.

Inoltre, i cristalli inseriti nei barattoli di creme e oli accelerano il processo di rinnovamento delle cellule e amplificano le proprietà terapeutiche delle creme e degli oli stessi, migliorando l'aspetto della pelle che si distende e ringiovanisce. Prima di usare i cristalli per questo scopo è importante purificarli e lavarli bene. Si mettono poi nelle creme e negli oli, chiudendo bene i recipienti che dovranno stare a riposo per almeno 20 giorni. In seguito si potranno usare senza estrarre i cristalli.

- Per le mani e il corpo, mettiamo un cristallo di Tormalina Verde.
- Nella crema per il viso, aggiungiamo un Quarzo Rosa e otteniamo una pelle luminosa e fresca.
- Aggiungiamo alla crema antiacne un'Ametista con lo scopo di purificare la pelle.
- Il Cristallo Ialino va ad aggiungersi alla crema per la cellulite.
- Mettiamo un'Agata nell'olio per massaggiare, tonificare ed energizzare il corpo.
- Aggiungiamo una Corniola nella crema per le gambe, per averle leggere e scattanti, facilitando la circolazione.

I cristalli hanno su di noi un effetto benefico, anche se li mettiamo nell'acqua della vasca da bagno; dopo una giornata faticosa, immergersi nell'acqua tiepida di una vasca da bagno a cui si è aggiunta un'ambra, stimola la nostra vitalità.

Acquamarina

L'acquamarina è una pietra utile per l'equilibrio fisico e mentale, efficace anche per l'autostima e la realizzazione.

Il nome della pietra acquamarina deriva dalla parola latina "aqua marina" che significa "acqua del mare", e i marinai antichi credevano che la pietra potesse contribuire a proteggerli da annegamento e garantirgli una buona pesca di pesce. Ottima pietra per la ritenzione di liquidi, l'acquamarina è associata con la ghiandola del timo e consigliata come purificatore della gola e nel mal di gola.

L'acquamarina è una pietra molto importante per diminuire ansia, paura, inquietudine e ottenere una mente pacifica.

- Dal punto di vista prettamente metafisico questa affascinante pietra, attiva il Chakra della Gola, 5° chakra, facilitando così una perfetta comunicazione della propria reale interiorità; non solo: ha la grande facoltà di aiutare la comunicazione, sia a livello fisico che etereo, con gli altri esseri del creato, soprattutto con quelli che abitano le acque del mare.

Definita anche "Pietra del Coraggio", l'energia che emana, non solo placa emozioni come l'ira, ma accentua le proprie facoltà intellettive e ha la capacità di aumentare le forze della mente.

Per ottenere effetti duraturi sul piano spirituale si consiglia di portare l'acquamarina sempre con sé a stretto contatto con la pelle, soprattutto accanto alla gola.

Per quanto riguarda la terapia a livello fisico, si può appoggiare un cristallo direttamente sulle palpebre in caso di dolore o sovraffaticamento agli occhi.

Di notte, invece, si potrà riporre l'acquamarina sotto il cuscino per dormire serenamente.

L'acquamarina può essere abbinata nei seguenti modi:

- Con la stellerite, la cavansite blu, la diopside verde e la lepidocrocite per aiutare a gestire le emozioni negative.
- Con l'acqua aura per migliorare la comunicazione.

- Con l'aragonite blu, l'amazzonite, la sodalite, la crisocolla, la calcite blu e il larimar per migliorare la comunicazione con il Divino.
- Con la labradorite, la iolite, l'avventurina blu, l'apatite blu e la lepidocrocite per potenziare le vostre capacità intuitive e psichiche.
- Con la morganite per rafforzare amore e compassione.

L'Acquamarina si trova soprattutto in Brasile, in Russia (Monti Urali) e in Madagascar, ma si trovano diversi giacimenti anche in Nigeria, USA (California), Sud Africa, Cina, Australia, Medio Oriente e Sud Est Asiatico.

Agata

L'Agata è il cristallo più creativo con strisce che la natura potesse creare. E' una pietra legata a relax, tranquillità, pulizia interiore, equilibrio, meditazione, vitalità, concretezza, sollievo dal dolore e bilanciamento tra energie Yin e Yang.
Molto utile per tener lontani gli incubi e le paure.

- In cristalloterapia l'agata trova l'impiego perfetto nel trattare quelle persone che hanno bisogno di mantenere un buon equilibrio attraverso le scelte sensate, qualsiasi sia l'ambito della vita (amore, lavoro, famiglia, salute, amici) che sta causando uno squilibrio energetico.

Sembra che l'agata non protegga solo da forme di energia negativa, ma svolge la funzione di involucro che stabilizza e armonizza ogni singolo organo e cellula del corpo. Particolare azione protettiva l'ha verso le donne in stato di gravidanza. E' indicata anche in caso di congiuntivite e problemi all'apparato gastro-intestinale.

- A livello mentale questa pietra vulcanica offre un senso di sicurezza e protezione che difficilmente troverete in altre pietre. Il ruolo che da secoli le viene attribuito è proprio questo, accompagnato dalla capacità di rendere la persona che la utilizza più sicura delle proprie possibilità.

L'agata può essere indossata come ciondolo durante il giorno e appesa vicino al letto durante la notte.

- Le qualità grigia striata, nera striata e naturale agiscono sul 1° chakra.
- La qualità striata con prevalenza di arancione lavora sul 2° chakra.
- La qualità con prevalenza di colore giallo lavora sul 3° chakra.
- Le qualità verde e rosa striate agiscono sul 4° chakra.

Agata Fucsia

Le proprietà dell'Agata Fucsia consentono di lasciare andare le delusioni e la profonda tristezza che si insinua in noi; occorre solo guardarla e giocarci tra le mani.

In particolare, aiuta a manifestare la propria perspicacia e consente di stimolare la capacità analitica, fornendo così un buon equilibrio tra i propri corpi fisici, emotivi e spirituali.

Agata Muschiata

L'Agata muschiata, nonostante il nome, contiene pochissimo materiale organico, muschio o licheni, ma le particolari forme verdi sono dovute principalmente a varie inclusioni di minerali.

Tradizionalmente l'agata muschiata può aiutare il corpo nelle malattie di lungo tempo, ed è nota anche per aiutare la circolazione e il sistema linfatico.

Ha la capacità di fortificare il sistema immunitario, eliminando scorie nocive dai tessuti e dalle vie respiratorie. Agendo come un buon antinfiammatorio, il suo utilizzo è ottimo per la cura di raffreddori, febbre, tosse e infiammazioni varie tra cui anche quelle del sistema scheletrico e articolare oltre per la cura del diabete.

Il Chakra a essa abbinato è il 4°, quello del Cuore.

Agata di Fuoco

Le pietre rosse sono legate ai chakra basse e aiutano a donare coraggio. Migliorano il radicamento a terra e placano le paure. A livello fisico è legata all'apparato circolatorio, nervoso ed endocrino. Libera dai blocchi energetici.

Agata Blu

Come tutte le pietre blu è collegata dal punto di vista della cromoterapia al 5° chakra, quello della gola; pertanto, è l'agata perfetta per voi se desiderate migliorare le vostre capacità di comunicazione, allontanando quei traumi emotivi che potrebbero interferire sulla buona riuscita di una performance.

E' una pietra fortemente femminile e viene donata spesso alle donne incinte per proteggerle e augurare una serena gestazione.

Agata Botswana

Conosciuta anche come occhio d'agata, l'agata Botswana riesce a trattenere la luce del sole, così da poterla poi donare a quelle persone che si sono perdute.
Il colore dell'Agata Botswana va dal grigio al rosa.
Forma una struttura striata che potenzia il suo effetto protettivo. Il colore rosa calma i sentimenti, stimolando la nascita di nuove relazioni. Il grigio invece è il colore della magia, del silenzio interiore che porta alla consapevolezza. Stimola la sensualità e aiuta a superare le angosce. Grazie alle inclusioni color argento, stimola la riflessione.

- L'agata botswana è la pietra ideale per coloro che vogliono smettere di fumare. Basta utilizzarlo come elisir, cioè immergendola per alcune ore in acqua e dopo berla.

23

Alessandrite

L'Alessandrite, una delle pietre più rare che esistano sul nostro pianeta, ha come caratteristica principale quella di essere cangiante, cioè ha la facoltà di cambiare colore se illuminata.

- Considerata la pietra del segno zodiacale dello Scorpione, ha il dono di tenere sotto controllo il nostro livello emozionale. Inoltre, in situazioni difficoltose, rafforza l'intuito di chi la indossa: infatti, sembra che dia il potere di trovare soluzioni che la logica, in un primo istante, non sembra dare.

La sua capacità di cambiare colore, dal verde-bruno o verde bluastro quando esposta alla luce naturale, al rosso violetto e al rosso grigio, rende questa pietra unica nel suo genere, e per questo, anche molto costosa.
Alluminio, ferro e cromo sono gli elementi principali della pietra:

- L'alluminio è indicato per i ritardi dello sviluppo mentale, i disturbi della memoria e l'insonnia.
- Il ferro è necessario per ossigenare le cellule dei tessuti.
- Il cromo stimola la sintesi degli acidi grassi e contribuisce a ridurre il processo arteriosclerotico.

Il Chakra con cui è connesso è il 2°, quello del Centro Pelvico mentre il segno zodiacale cui è legata è lo Scorpione.

Amazzonite

Le proprietà dell'amazzonite vengono utilizzate per la creatività artistica e la guarigione energetica.
Si tratta di una ottima pietra per la comunicazione, la fiducia e la leadership; riduce i comportamenti autolesionisti, aumenta il rispetto di sé, la grazia, sicurezza di sé con la comunicazione esterna.

- I benefici dell'amazzonite sono calmanti per il sistema cerebrale e nervoso, contribuendo a filtrare le informazioni e combinarlo con l'intuizione naturale per migliorare la comprensione, e per migliorare la propria capacità di cooperare con gli altri, oltre per la capacità di esprimere se stessi.

Ottima pietra per migliorare la condizione della pelle, e levigare le rughe; attraverso il contatto con l'amazzonite ne beneficerà l'artrite, i reumatismi e la cervicale.

- Si suggerisce di utilizzare l'amazzonite in combinazione con Atlantisite, Giada e la Calcopirite.

Considerata una pietra portafortuna, soprattutto dai giocatori, l'Amazzonite ha la grande facoltà di calmare gli sbalzi d'umore dell'animo, fungendo, quindi, da tranquillante; inoltre accresce enormemente il potere decisionale, rendendo la persona che la indossa più sicura e libera da paure provenienti dal mondo esterno. Conseguenza di ciò è la gran facilità a creare e condurre intensi rapporti interpersonali.

- L'Amazzonite, in pratica, dona un forte equilibrio alle energie Yin e Yang. Le sue facoltà terapeutiche sono molteplici: adatta per alleviare mal di gola e affezioni delle vie respiratorie in genere, ben si addice alle donne in stato di gravidanza e a chi, a causa dello stress quotidiano, avverte i primi sintomi di un esaurimento nervoso.

Ma le sue proprietà non finiscono qui:

25

- Ha proprietà rilassanti per i muscoli, soprattutto dopo aver compiuto grandi sforzi.
- Aiuta il fegato a metabolizzare alimenti di difficile assorbimento.
- Aiuta il rilassamento di tutto il corpo, alleviando il senso di stanchezza.
- A livello endocrino e ormonale armonizza le funzioni dell'ipofisi e del timo mentre a livello neuronale, regolarizza il sistema vegetativo.

Ambra

La parola Ambra deriva dall'arabo Anbar che, inizialmente, indicava una sostanza cerosa prodotta dallo stomaco del Capodoglio. Ovviamente, l'Ambra che conosciamo noi non si riferisce a quel tipo di prodotto, bensì a una miscela di composti organici (resina) fossilizzati. La prima resina prodotta da alberi, antenati delle attuali conifere, si fa risalire a circa 250 milioni di anni fa, cioè nel periodo Mesozoico. La resina, prodotta da alberi di grandissime dimensioni, si depositava al suolo iniziando la prima fase di fossilizzazione denominata polimerizzazione. Il processo successivo, chiamato appunto fossilizzazione, avviene dopo circa 5 milioni di anni dando come risultato quella sostanza, dall'aspetto vetroso, chiamata Ambra.

L'ambra, per definirsi tale, deve avere almeno 150.000 anni, altrimenti si tratta di Copale o Copalite che sono resine organiche che non sono abbastanza vecchie (meno di 100.000 anni) e non ancora fossilizzate e indurite a sufficienza per diventare ambra.

- L'ambra è stata da sempre considerata un amuleto fortemente protettivo e anti demoniaco. Altamente protettiva, aiuta anche nella manifestazione delle proprie idee nella realtà quotidiana. Fortifica il plesso solare, dona chiarezza mentale, equilibrio e fiducia nelle proprie possibilità. L'ambra può aiutare le carenze del metabolismo, i problemi di udito e i disturbi allo stomaco.

- In Polonia la tintura di ambra è ancora considerata un rimedio efficace per i problemi di raffreddori, gola e vie respiratorie. La polvere di ambra viene inalata per portare sollievo a problemi respiratori.

La forza vitale all'interno dell'ambra promuove la fertilità e le sue proprietà protettive e di compensazione ambientale ne fanno un rimedio da utilizzare per preparare una guarigione o la maternità. L'ambra dona energia luminosa che è calmante ed

27

energizzante al tempo stesso. Rigenera l'ambiente tirando fuori la negatività pesanti, se bruciata.

L'ambra è ottima se accompagnata al jaietto, al diaspro fossile e alla corniola.

- L'Ambra ha il potere di trasmutare le energie negative in energie positive.

Ma, oltre questa grande facoltà, è usata come calmante di tutto il sistema nervoso. L'Ambra, inoltre, amplifica le proprie predisposizioni e capacità intellettuali.

- In generale si pensa che questa "pietra" possa agire su tutto il nostro corpo purificando le nostre energie infondendoci un profondo senso di calore.
- Questo fa sì che il nostro corpo sia sempre protetto da eventuali malanni.

Il Chakra ad essa abbinato è il 3°, quello dell'Ombelico e del Plesso Solare, mentre il suo segno zodiacale è il Leone.

Ricordarsi di pulire e purificare sempre l'ambra se usata per pratiche di cristalloterapia e di non lasciare mai l'ambra al sole in quanto può diventare fragile.

Ametista

L'ametista è molto utilizzata per aprire i centri energetici spirituali e psichici e questo la rende una delle pietre di potere più importanti. L'ametista simboleggia la compassione, l'umiltà, la sincerità e la saggezza spirituale.

L'ametista dona buon senso e flessibilità nelle decisioni, rafforza e migliora le abilità psichiche, intuitive e di chiaroveggenza essendo energeticamente direttamente collegata con l'energia della nostra mente.

- Ottima pietra disintossicante, l'ametista aiuta nelle dipendenze e calma il sistema nervoso favorendo la trasmissione dei segnali al suo interno.
- L'ametista è un trasmutatore di energia, aiuta ad aprire porte in esperienze spirituali intense e di trasformazione.
- Ottima pietra per il chakra del Terzo Occhio e per il chakra della Corona.

Una sua peculiarità è quella di purificare altre pietre; infatti, si raccomanda di usarla in combinazione con altre pietre o cristalli.

- Aiuta a percepire l'aspetto spirituale che si cela dietro gli avvenimenti. Così, l'Ametista, riesce a essere un buon rimedio per rielaborare un lutto e il conseguente dolore dovuto alla perdita della persona cara. Inoltre accresce il senso di giustizia, l'umiltà e l'onestà.

È un efficace calmante per la mente, che favorisce la concentrazione e placa i pensieri confusi. l'Ametista ha la capacità di alleviare i sensi di colpa, rafforzando la sicurezza in se stessi e diminuendo i complessi d'inferiorità. La sua influenza sulla sfera emotiva si esplica aiutando a calmare l'emotività, favorendo una maggiore chiarezza.
È un efficace rimedio contro l'insonnia e gli incubi così da favorire un riposo profondo; il risultato è la diminuzione delle tensioni con la conseguente riduzione delle emicranie.

La varietà scura mitiga l'ipertensione e le rigidità ed è un ottimo regolatore della flora batterica.

- Lavora in grande sinergia con i Fiori di Bach, in particolare con il rimedio Agrimony.

L'Ametista è un ottimo rimedio per riequilibrare l'energia degli ambienti, specie le camere da letto e le stanze dove accogliamo le persone che non appartengono alla nostra famiglia.

- Sono usate anche negli studio medici come, ad esempio gli psicologi, dove molte persone vengono a sfogarsi parlando dei loro problemi e quindi l'ambiente risente di energie negative che devono essere scacciate.

- I segni zodiacali associati a questa pietra sono il Sagittario, il Capricorno e i Pesci, mentre il Chakra corrispondente è il 6°, ovvero il Terzo Occhio, e il 7°, il Chakra della Corona.

Ametrino

Il nome della pietra ametrino deriva dalla potente combinazione di ametista e citrino, regni di collegamento tra il fisico e lo spirituale; l'ametrino è una pietra rara e insolita che si verifica quando nel quarzo ametista risiede anche il quarzo citrino.

- La sua duplice natura lo rende molto efficace per rimuovere i blocchi energetici in ogni chakra, aiutando a raggiungere un sano equilibrio psicofisico.

L'ametrino ha un effetto sul benessere generale e sulla salute mentale delle persone che soffrono di depressione, sbalzi d'umore e ansia, possiede un effetto calmante sul tono dell'umore e aumenta le sensazioni di tranquillità. Ottima pietra da meditazione, l'ametrino si sintonizza negli stati superiori di coscienza inducendo naturalmente la meditazione e aiutando a raggiungere più rapidamente la calma e nuove percezioni per scoprire il nostro più grande potenziale.

- L'ametrino rafforza l'ossigeno nel nostro corpo.

Un elisir di ametrino può aiutare a rimuovere le tossine dal corpo ed essere utile nel ridurre o alleviare alcuni dei sintomi delle malattie fisiche.
L'ametrino concilia benissimo le nostre aspirazioni spirituali con la vita mondana; spesso viene usato durante la meditazione e i trattamenti reiki e di cristalloterapia.

- I Chakra corrispondenti a questa pietra sono il 6°, il Terzo Occhio e il 7°, il Chakra della Corona.

Angelite

Questa pietra permette un eccellente bilanciamento e polarizzazione per l'allineamento del corpo fisico con l'Aura. E' un'ottima pietra da usare quando si ha bisogno di calmarsi da sentimenti di rabbia e sopraffazione; dona, così, una grande calma interiore, allevia stress emotivi, dona pace ed elimina visioni negative e distorte che spesso si manifestano nella nostra vita provocando paure inconsce, idee fisse o pensieri poco lucidi.

- Le sue proprietà sul corpo, quindi, rispecchiano quelle della mente, alleviando tutte le reazioni fisiche da stati di rabbia o emozioni forti come infiammazioni, allergie digestive e intestinali o gli stessi problemi emotivi.

L'angelite è solubile in acqua e non deve, quindi, assolutamente essere pulita in acqua.
L'Angelite coadiuva la funzionalità dei reni; viene usata per la crescita delle ossa e nella cura di malattie a esse associate come artriti e osteoporosi, oltre che per favorire l'autoguarigione verso problematiche dovute a traumi.
I Chakra abbinati all'Angelite sono il 2°, 5° e 6°:

- Per il 5° Chakra posto al centro della gola, aiuta quest'ultima a eliminare le infiammazioni e gli eccessi energetici, conferendo energia positiva nella comunicazione con gli altri.
- Un effetto energizzante ma più rivitalizzante è dato dall'abbinamento al 6° Chakra, quello del Terzo Occhio mentre per quanto riguarda quello con il 2° Chakra, del Centro Pelvico, ha un'azione sbloccante sullo stesso.

Antimonite

L'Antimonite, tramite le sue vibrazioni energetiche, aiuta a conciliare quelli che sono i propri interessi personali nell'ambito del sociale e del materiale agli interessi e alle espressioni spirituali, aiutando, quindi, sia le capacità artistico-creative che estetiche. Sul piano fisico l'Antimonite aiuta la guarigione dei disturbi gastrointestinali come nausea, vomito e gastriti; è molto usata per la cura di patologie dell'epidermide come pruriti, pelle secca, rughe, forfora o psoriasi (consigliata la cura associandola ad acqua di zolfo).

• L'Antimonite va portata sempre con sé, preferibilmente in un sacchetto di fibra naturale, dato che la sua fragilità non permette la montatura su un ciondolo o su qualunque altro supporto. Per beneficiare al meglio delle proprietà dell'Antimonite, risulta utile introdurla dentro la fodera del cuscino in cui si dorme in modo tale che le vibrazioni benefiche agiscano con più intensità durante il sonno.

Il chakra più rispondente alle sue vibrazioni è il 1°, posto al centro della radice.

33

Apatite

Si tratta di una pietra considerata una potente fonte d'ispirazione emozionale; è in grado di sviluppare le abilità psichiche e ci sintonizza delicatamente con il nostro livello spirituale.

L'apatite può migliorare la propria intuizione, la capacità di apprendimento e la creatività mentale, e può infondere maggiore fiducia in se stessi.

- Può contribuire al raggiungimento di stati più profondi di meditazione e, se usata con altre pietre e cristalli, può in modo più rapido facilitare i risultati desiderati, nonché potenziarne l'obiettivo.
- E' utile per le ossa, per l'assorbimento di calcio, per la cartilagine, per i denti e le abilità motorie in generale.

Può anche essere utilizzata per la pulizia energetica degli ambienti dove viviamo o soggiorniamo più spesso; collocare l'apatite davanti alle finestre e vicino alla porta d'ingresso, può aiutare a convogliare meglio il fluire di energie positive, migliorando notevolmente l'ambiente circostante.

- Ottima pietra per regolare meglio i tempi di sonno e di riposo, l'apatite è anche una pietra di beneficio per tutti quelli che sono vicini e a contatto con la natura, riuscendo a infondere le energie curative della natura stessa, ovunque si vada.

L'azione dell'Apatite sul corpo è di tipo ricostituente: favorisce, infatti, l'appetito e da tonicità ai tessuti, rigenerando le cellule soprattutto dell'apparato scheletrico, aiutando in caso di fratture, artrosi, rachitismo e osteoporosi.

- I chakra a essa associati sono il 3° per la varietà gialla, il 4° chakra per quella verde e il 5°chakra per quella blu.

Apofillite

L'Apofillite aiuta a liberarsi da tutte le tensioni emotive provenienti dal subconscio a causa dello stress, dal cattivo rapporto con se stessi e con gli altri, favorendo l'altruismo e la generosità. Coadiuva l'affrontare i problemi della vita con più calma e serenità, frenando paure e pensieri depressivi in cui sembra non esserci soluzione.

- Aiuta a vedere le situazioni sotto una luce migliore, aumentando l'autostima e una visione più libera da pregiudizi in merito al proprio modo di essere e di percepire con più chiarezza le emozioni.
- Sul piano fisico è utile per aiutare la cura dei problemi del sistema respiratorio.
- Questa pietra viene usata anche per la cura dell'asma e delle allergie oltre che per le disfunzioni del sistema nervoso.

Viene utilizzata anche in sinergia con il Cherry Plum, un rimedio dei Fiori di Bach, oppure durante i trattamenti reiki, la meditazione o le sedute di Cristalloterapia.

- I Chakra in sintonia con questa pietra sono nel caso della colorazione verde-acqua il 5° Chakra e nel caso di quella bianca, il 7° Chakra, ossia quello della Corona.

Aragonite

Le proprietà dell'aragonite dirigono l'energia verso l'auto disciplina aiutando a perseverare malgrado le limitazioni che spesso la vita ha ci pone davanti; ci fa comprendere meglio che queste limitazioni rappresentano il modo in cui interagiamo con il mondo e la vita, e spesso determinano la nostra crescita spirituale e fisica.
L'aragonite storicamente è stata usata per estirpare il calore delle febbri, per ridurre le infiammazioni e calmare il sistema nervoso.

• Ha la capacità di aumentare vibrazionalmente l'energia, in particolare, riesce a incrementare l'energia delle preghiere e di amuleti magici.

L'aragonite è nota per lavorare in sinergia con la pirite, la calcite, e ogni tipo di diaspro.
A seconda della sua colorazione, riesce ad avere influenze benefiche su diverse sfere della vita.

• La colorazione bianca e azzurra è un ottimo calmante dei processi mentali troppo irruenti che si riflettono sul sistema nervoso come stress, ansia, pensieri ricorrenti invasivi, affaticamento.

• L'Arancio è un buon rimedio per i piccoli o grandi traumi emotivi, aiutando a sbloccare i nodi energetici relativi al ciclo di elaborazione dei pensieri e di conseguenza favorisce la concentrazione.

L'Aragonite, pertanto, aiuta ad aprire uno spiraglio di altruismo, generosità e comprensione nei rapporti con gli altri.

• Il chakra con cui ha una corrispondenza energetica è il 7°, quella della Corona per la tipologia bianca, il 2° chakra per quella arancio e il 5° chakra per la varietà azzurro chiaro.

Astrofillite

L'Astrofillite è un grande condensatore energetico sia a livello fisico che metafisico; infatti, è capace di infondere energia ai chakra meridiani, all'aurea e ai corpi superiori, aumentando la nostra attività onirica.

L'Astrofillite è un catalizzatore di energie psichiche: aiuta l'apertura verso gli altri, favorendo la comunicazione verbale ed empatica.

Nell'ambito fisico agisce come stimolante del sistema ormonale, aiutando così a superare le crisi di mezza età, le problematiche relative al ciclo mestruale e dell'intestino crasso.

- Uno dei modi migliori per sperimentare il potere energizzante di questa pietra è quella di introdurla nella fodera del cuscino su cui si dorme; questo amplifica le potenzialità dell'attività onirica.
- Il 6° chakra è quello con maggiore compatibilità con l'Astrofillite, il Terzo Occhio ma è ottimo anche posizionarla dietro le ginocchia.

Atlantisite

L'Atlantisite è la combinazione di serpentino verde con inclusioni di rosa al viola di stichtite dalla Tasmania e, come tale, fonde insieme le caratteristiche di entrambi questi cristalli.

Nell'Atlantisite c'è una combinazione unica di colori che comprende il giallo-verde-porpora-viola che si verificano soltanto nella cava di "Stichtite Hill" presso la cima di una piccola collina a Zeehan, in Tasmania, dove viene estratta in modo esclusivo. Il nome Atlantisite deriva da Atlantide, la città perduta di cui Platone fu il primo a scrivere.

- L'Atlantisite è un cristallo ideale per lavorare sul chakra del terzo occhio e sul chakra del cuore, per aumentare le nostre percezioni e il sentimento di amore incondizionato.

Ci aiuta a stabilire naturalmente i nostri "confini" energetici e psichici. Può aiutare i bambini, e gli adulti, indisciplinati a modificare i loro modelli di comportamento.

- E' di conforto per coloro che vivono da soli e ci aiuta a essere gentili con noi stessi e con gli altri.

- E' anche un'ottima pietra per protezione dalle energie negative ed è utile nella meditazione appropriata, per innalzare la propria Kundalini.

Le proprietà dell'Atlantisite consentono l'accesso psichico per recuperare l'antica saggezza e le informazioni, o immagini, sulle vite passate permettendo che il cammino spirituale della persona che la utilizza proceda al ritmo della persona.

L'Atlantisite può promuovere l'elasticità e la rigenerazione della pelle ed è utile nel trattamento delle ernie.

Avventurina

L'avventurina verde è paragonabile al quadrifoglio porta fortuna: viene spesso inserita in sacchetti da tenere vicino per portare abbondanza e buona fortuna in denaro. L'avventurina viene usata anche in incantesimi e magia rituale.

- La pietra avventurina ha la capacità di migliorare il senso di umorismo e allegria del suo utilizzatore. E' anche un'ottima pietra di bilanciamento, dona equilibrio interiore e stimola i sogni.

- Ha un effetto positivo sulla psiche, rafforzando un senso di individualismo, ed è la pietra ideale per chi è alla ricerca di una visione positiva della vita.

Può aiutare a bilanciare le emozioni più interne e sopite (ottima la combinazione con la malachite) ed è una delle migliori pietre da indossare o portare con sé durante i periodi di stress. E' storicamente conosciuta anche per riuscire a tirare fuori il calore della febbre e delle infiammazioni.

- Se nell'acqua per il bagno utilizziamo più pietre di avventurina, diventano pietre calmanti per il dolore emotivo e le paure, riuscendo a sciogliere i blocchi nel chakra del cuore.

Sul lato spirituale, l'Avventurina è un ottimo aiuto per capire dove si sta spostando la nostra vita e quali scelte si debbano prendere per perseguire il nostro vero cammino.

- Il chakra corrispondente è il 4°, quello del Cuore.
- I segni zodiacali a essa associati sono il Toro, il Cancro, il Sagittario e lo Scorpione.

Alle sue diverse colorazioni sono associate diverse qualità: l'Avventurina Rossa dona una visione della vita più allegra, innalza lo stato vitale e favorisce buoni rapporti interpersonali e la vita sessuale; infatti, l'Avventurina di questa colorazione è molto utile per la cura di disturbi dell'apparato riproduttore.

A questa Avventurina è associato sopratutto il segno dello Scorpione.

Per quanto riguarda l'Avventurina Verde, le sue proprietà sono più calmanti e rivolte al sistema nervoso; agisce ottimamente sulla tachicardia e lo stress ed è un buon rimedio per le patologie della pelle dovute a problemi nervosi.

I segni zodiacali associati a questa varietà sono il Toro, il Cancro e il Sagittario.

Azzurrite

La pietra azzurrite, è un cristallo che riesce a espandere i limiti della sfera cosciente, promuovendo una sana rivalutazione delle proprie capacità e talenti nascosti. Inoltre può aiutare a unire il subconscio con la mente cosciente ampliando i limiti della nostra mente. L'azzurrite è una pietra ideale da tenere quando si inizia a meditare.

- L'azzurrite ha la proprietà di alleviare le preoccupazioni, le fobie e i fastidiosi pensieri negativi ricorrenti, portando la nostra attenzione a riconoscere le aree di maggiore bisogno.
- Infonde logica intellettuale con amore, promuovendo compassione per se stessi e gli altri.
- Può aiutare a stimolare la tiroide, la pulizia della pelle, la milza e i corpi eterici.
- Ottima pietra per aiutare a controllare e dirigere il flusso di energia e portare la giusta quantità di essa a qualsiasi situazione.

Le proprietà dell'azzurrite la fanno una bella pietra per il chakra del terzo occhio, risvegliando le capacità psichiche e aiutando a riconoscere la guida spirituale appropriata quando si presenta.
Utilizzata con il chakra della gola, il quinto chakra, può favorire la comunicazione con il cuore e aumentare la consapevolezza della via spirituale intrapresa.
Da portare sempre con sé in un sacchetto di fibra naturale.

- Il chakra a essa abbinato è il 6°, quello del Terzo Occhio, e il 5° chakra, quello della Gola.

Biotite

La Biotite è una pietra molto scura che si trova in natura in lamine o in aggregati le sue proprietà energetiche donano forza e vitalità, favorendo l'autorealizzazione, l'adattabilità e creatività che giustificano il perché essa viene considerata la pietra delle partorienti.

- La Biotite, infatti, favorisce il parto, diminuendo il dolore del travaglio poiché rilassa la bocca dell'utero.

Sul piano strettamente psicologico la Biotite libera dai tabù e dagli schemi mentali negativi, a volte autodistruttivi, che causano sofferenza, aiutando ad avere così una mente più lucida e intuitiva per risolvere situazioni o prendere decisioni in maniera più chiara.

Un'altra qualità della Biotite è la protezione contro i pensieri carichi di energia negativa provenienti dagli altri e tutte quelle influenze ambientali che tendono ad allontanarci dalla nostra vera personalità.

La sua funzione sul corpo è quella depurativa e decongestionante, aiutando a curare la sciatica, la purificazione del sangue dagli acidi urici, liberando quindi da gotta e facilitando il funzionamento dei reni.

- E' energeticamente compatibile con il 1° chakra nella varietà nera, con il 7° chakra nella varietà argentea e con il 4° chakra in presenza della varietà verde.
- Il segno zodiacale a essa associato è lo Scorpione.

Blenda

La Blenda, o Sfalerite, è una pietra rinnovatrice delle energie psichiche stagnanti; il suo utilizzo, infatti, permette la rimozione di vecchie idee, paure o traumi derivanti da esperienze passate. Favorisce una rigenerazione sia mentale sia psichica, donando la forza necessaria per risollevarsi durante i periodi bui della nostra vita.

• Con l'utilizzo di questa pietra, i pensieri divengono più lucidi e proiettati verso il bene e la spiritualità mentre i nostri rapporti interpersonali divengono più spontanei e stimolanti.

La Blenda favorisce un buon sonno e una maggiore concentrazione e intuizione al fine di raggiungere le proprie mete e sogni. La Blenda è un ottimo equilibratore del sistema endocrino; rafforza il sistema immunitario e la retina dell'occhio. Molto usato per la cura del diabete e della pelle; inoltre ha una buona azione sul sistema nervoso centrale, riattivando i sensi come l'odorato e il gusto.

La Blenda sempre più spesso viene usata in sinergia con un fiore dei rimedi di Bach, l'Honeysuckle, dopo 3-4 giorni dall'assunzione del rimedio.

• Il Chakra a essa abbinato è il 3° quello del centro dell'ombelico. Una buona abitudine e quella di fissarla con un cerotto in corrispondenza al centro energetico del chakra.

Boji Stone

La Boji Stone aiuta a equilibrare i campi energetici del corpo umano compiendo una funzione simile a quella dell'agopuntura, tanto da essere ottimamente compatibile con tutti i chakra o centri energetici. La proprietà principale della Boji Stone è la riconciliazione degli opposti: maschile-femminile, spirito-materia, in modo tale da esprimere al meglio la parte più genuina di noi stessi attraverso l'emergere dei sogni e dei desideri inconsci. Proprio per questo motivo che, durante l'utilizzo, ne vanno usate sempre due; una energeticamente maschile e l'altra energeticamente femminile. La pietra maschile si distingue da quella femminile a causa del suo aspetto più ruvido con cristallizzazioni e protuberanze (anche se molto raramente si possono trovare delle pietre "ermafrodite" con una parte del guscio liscio e una con il guscio ruvido).

- Proprio per questa dualità, la Boji Stone è ottima per equilibrare il nostro modo di vedere la vita, dando una visione più materiale a coloro che hanno bisogno di vedere la vita in maniera più realistica e avere una visione più spensierata e fantasiosa per chi ne vede il lato più materialistico e serio. La conseguenza è l'espressione delle nostre caratteristiche e capacità creative non ancora manifestate.

La Boji Stone va utilizzata tenendola in entrambi le mani: la pietra femminile va tenuta nella parte energetica maschile del corpo umano, cioè a destra, mentre quella maschile va tenuta nella mano sinistra relativa alla parte energetica femminile.

- La Boji Stone è associata ai segni zodiacali dell'Acquario, Scorpione, Toro e Leone.

Calcedonio

Il calcedonio è molto legato alla magia rituale, tanto che nel XVI secolo veniva prescritto, portandolo al collo o con sé dai maghi per dissolvere illusioni e fantasie. Più pietre di calcedonio erano comunemente usate per scongiurare la magia nera, attacchi psichici e altri magia rituale negativa creata appositamente per le persone. Il calcedonio è una pietra che simboleggia la calma e la compostezza. Per i Tibetani è una pietra di purezza, forte concentrazione e interiorizzazione dell'essenziale. Il calcedonio dona nutrimento per l'anima, promuove la fratellanza e la buona volontà e migliora la stabilità del gruppo. Può essere utilizzato per facilitare la telepatia. Il calcedonio può donare sentimenti di benevolenza e generosità, eliminando le ostilità regresse permettendo alla malinconia di trasformarsi in gioia.

• Le proprietà del calcedonio aumentano la vitalità, la resistenza e promuovono l'equilibrio emotivo e la carità. Può alleviare la febbre, i calcoli biliari e i problemi agli occhi.

In particolare, il calcedonio viene usato in Russia dalle madri per aumentare il latte durante l'allattamento.
Il calcedonio viene usato da guaritori assieme ad altre pietre per amplificare i loro effetti, specie se si sta lavorando verso la completezza spirituale e lo sviluppo personale.

Calcite Gialla

La calcite deve il suo nome alla parola latina "calx" che significa "calce", dato che per la calcite il principale componente è il calcare. C'è un legame profondo tra la pietra calcite gialla e quella dei regni animali e vegetali e in tutta la natura, la reale capacità di andare avanti malgrado le influenze esterne prendendo parte attiva in quello che stiamo creando nella nostra vita.

• La pietra calcite gialla è molto nota per la sua propensione alla purificazione, alla pulizia e in sintonia con il potere rigenerante e rivitalizzante della natura stessa.

• La calcite gialla è usata per rimuovere i vecchi motivi (blocchi) della vecchia energia stagnante presente in noi e per aumentare la motivazione personale e il senso di unità.

• La calcite gialla è un'eccellente pietra per lo studio delle arti e delle scienze e per amplificare e aumentare qualunque tipo di energia, grazie alla proprietà di rifrazione doppia scoperta nella pietra nel 1669 da Erasmo Bartholinus.

La calcite gialla può aiutare le ossa e le articolazioni ed equilibra la quantità di calcio nel corpo, contribuendo a migliorare l'assorbimento di importanti vitamine e minerali nel corpo.

• Le proprietà della calcite gialla sono un buon aiuto per il lavoro energetico a distanza, visto il potere di amplificazione che può essere inviato.

46

Celestina

La celestina, dal latino "caelestis" che significa "celeste", è stata chiamata così per il suo aspetto molto etereo.

Celestina è una pietra di pace e di armonia che induce una visione della reale coesistenza pacifica con l'intero universo.

Chiamata anche "pietra del cielo", per il suo colore morbido celeste, si credeva essere stata creata da cori di Angeli Celesti.

- In ambienti New Age si dice che la celestina sia originaria delle stelle conosciute come Pleiadi (comunemente chiamate le "Sette Sorelle") e che la pietra detiene la saggezza celeste.

- La celestina ha una frequenza molto alta ed è una pietra molto spirituale che può aiutare i portali aperti al proprio Sé Superiore.

Conosciuta per espandere la creatività è spesso utilizzata nelle arti. Accelera lo sviluppo spirituale e apporta un senso generale di pace.

Cianite

Si tratta di una pietra che è altamente raccomandata essere nella collezione di coloro fanno un lavoro spirituale su di sé.

- La cianite non accumula energie e vibrazioni negative, quindi, non ha quasi mai bisogno di essere pulita e purificata. Poiché l'energia della cianite è illimitata, si dice che sia uno dei migliori cristalli da usare come pietra da sintonia.
- La cianite è un potente amplificatore di energia ad alta frequenza, adatta per la meditazione e l'ascensione dell'anima. E' una pietra per il collegamento verso i regni superiori e aiuta a capire il vero scopo della vita.

La cianite ha un forte effetto calmante sul tutto l'essere portando tranquillità e pace interiori; incoraggia la formazione di abilità psichiche e la comunicazione a tutti i livelli, quindi, ottima per la gola e per il quinto chakra.

La cianite allontana rabbia, frustrazione e la confusione mentale e contribuisce a donare una capacità di pensiero logico e lineare.

La cianite fornisce una chiara energia stimolante, favorendo perseveranza e sostegno sul lavoro del proprio Sè, e sulle attività e situazioni di tutti i giorni che normalmente riducono la propria forza.

Inoltre la cianite aiuta quando ci si collega ai propri spiriti guida, e induce il sogno lucido promuovendo sogni di guarigione. Viene utilizzata per trattare i disturbi dell'udito, i disturbi oculari, nonché le problematiche con il senso dell'olfatto. Queste caratteristiche rendono la cianite una scelta eccellente per qualsiasi tipo di lavoro con l'energia.

Corallo

Il Corallo, come si sa, non fa parte del mondo minerale; il corallo, infatti, è costituito da comunità di piccoli polipi che formano, alla base del proprio corpo molle, uno scheletro di carbonato di calcio con funzione protettiva e di sostegno. Da tempi immemori l'uomo è alla ricerca di questa gemma marina in quanto simbolo di bellezza e fonte di energie rigeneranti.

Il Corallo rosso, detto anche "Pietra del Sangue" dona un senso di aggregazione, eludendo tensioni e reticenze createsi da esperienze passate.

- Problematiche caratteriali o psicologiche vengono meno con l'aiuto del Corallo, così che la nostra vita si apra a esperienze più collaborative e appaganti, dove la comunicazione non è difficile e le ansie, i sospetti e la timidezza appaiono più lontane e meno limitanti.
- Il Corallo tempra tutto l'apparato scheletrico e il corpo in generale.
- Il Corallo rosso, in particolare, viene usato nella cura dell'osteoporosi. In commercio legalmente reperibile è il corallo madrepora.

Il Corallo fossile ha le stesse capacità del corallo non fossilizzato anche se ha cambiato le sue parti organiche con quarzite.

- Il chakra a esso compatibile è il 2°, il centro sacrale e il segno zodiacale a esso abbinato è lo Scorpione.

Corniola

La corniola aiuta nella comprensione del sé interiore, rafforza e motiva la concentrazione, aiuta a parlare in pubblico, aumentando la propria autostima.

- E' una pietra di potere è può portare successo nella propria vita.

La corniola viene utilizzata per contrastare i pensieri negativi e i dubbi, e indossare questa pietra può impedire ad altri di leggere i pensieri o di influenzare la mente.

- La corniola è anche citata nel Libro dei Morti egiziano, per essere messa nelle tombe come "armatura magica" per la vita oltre la morte.

Gli antichi Egizi l'associarono alla dea Iside per via del suo colore rosso; la dea, ritrovando le membra dell'amato marito Osiride, ucciso dal fratello Set, le ricompose, riportandolo in vita.
Da questa leggenda si pensa che la Corniola abbia le stesse proprietà vitali ed energetiche del sangue, infondendo coraggio per affrontare paure, tra cui quella della morte.
Un altro amuleto famoso che utilizza la corniola è l'occhio di Horus, che si crede possa offrire protezione contro il malocchio.
La Corniola è spesso usata per la purificazione del sangue, facilitandone l'afflusso nei tessuti e negli organi così da aiutare l'assimilazione di vitamine.

- Tra le altre proprietà, aiuta l'eliminazione delle tossine dal corpo, la stimolazione dell'intestino tenue e del metabolismo oltre la cura di diarree e di tutti i problemi dell'intestino in genere, favorendo la digestione.
- .La Corniola viene usata per mitigare dolori ai reni, per la cura dell'asma e per problemi dell'addome e alla vescica; è usata persino per la cura delle cestiti e dei problemi alla prostata e di tutto il tratto urinario.

Tra le altre qualità possiamo annoverare la capacità di curare l'infertilità, di facilitare la risoluzione di problemi all'utero, di rinforzare gli occhi, le gengive e a rendere la pelle più giovane ed elastica. In gravidanza è consigliabile appoggiarla sulla pancia perché ciò porta serenità al nascituro.

La Corniola ha un'azione molto lenta ma decisa; per questo va usata in tempi molto lunghi.

Il Chakra a essa associato è il 2°.

Crisocolla

Alcune tribù degli antichi Indiani d'America usavano la crisocolla per la sua capacità di rafforzare la resistenza del corpo alle intemperie e per portare quella sensazione di calma interiore per chi è stato sconvolto da turbolenze emozionali ed emotive. Nell'antico Egitto, la crisocolla veniva chiamata la "pietra del Saggio" dato che era spesso usata dai membri del consiglio reale, da commercianti e da chi dove sostenere dei negoziati. Per questo la regina Cleopatra portava con sé gioielli di crisocolla ovunque andasse.

- La crisocolla è una pietra lenitiva e calmante per i momenti di maggiore stress, anche solo la sua vista determina un equilibrio interiore e un animo gentile, calmando le emozioni e portando comprensione tra relazioni discordanti.
- La crisocolla è una potente fonte di energia vitale, con una spiccata energia femminile, e contribuisce a liberare il subconscio dai sentimenti negativi di colpa ben radicati e a trasformare il risentimento storico nelle persone.

La pietra crisocolla può alleviare i crampi, le infezioni della gola e usata sul sesto chakra offre immensi benefici spirituali.
Le proprietà della crisocolla consentono di esaltare la creatività e di rivitalizzare tutti i chakra allineandoli con il Divino.

- In caso di febbre, stimola l'abbassamento della temperatura; guarisce dalle ustioni o infezioni.

Essa, inoltre, può essere utilizzata contemporaneamente con un rimedio di Bach Scleranthus.

- Il chakra a essa compatibile è il 5°, il Centro della Gola e il segno zodiacale associato è la Bilancia.

Diaspro

Il Diaspro è una varietà microcristallina di quarzo; si presenta generalmente di colore rosso ma sono molto frequenti i diaspri che presentano striature o chiazze di altro colore per la presenza di sostanze estranee.

- Particolare varietà di diaspro è l'Eliotropio di colore verde scuro con chiazze rossastre dovute alla presenza di idrossido di ferro. Si pensa che il diaspro possa essere un riequilibratore circolatorio agendo sul ferro dell'emoglobina.

Il diaspro rinforza il fegato, la vescica biliare, la vescica e i reni. E' un potente terapeutico, protegge dalle malattie e si ha il maggiore impatto sul corpo fisico, che n'è rafforzato. Regola la guarigione del sistema gastrico e dona equilibrio al sistema endocrino.

- Resistente, solido, rassicurante, il diaspro è la pietra della stabilità, in quanto rappresenta l'elemento Terra.

A livello sottile va considerato come la pietra di collegamento fra il " sacro e profano " di ogni essere umano, in pratica fra il puro istinto e l'intuizione. Il diaspro rafforza la fede negli ideali e aiuta a compiere gli sforzi necessari per trasformare i propositi in fatti.

Funziona con i chakra a seconda del colore della pietra:

- La varietà rossa e quella brecciata agiscono sul 2° chakra.
- La varietà gialla opera sul 3° chakra.
- La varietà verde stimola il 4° chakra.

Diaspro Rosso

Il Diaspro, in tutte le sue varianti, è una pietra unica che rimuove tutta l'energia negativa presente nel corpo umano.
Il Diaspro Rosso è la varietà più potente: stimola la circolazione dell'energia nell'organismo.

Lavora sul sangue, quando c'è un problema di infezione o di anemia congenita. Stimola gli organi della riproduzione, riequilibra le energie sessuali .Fortifica il feto. Facilita il parto rendendolo meno doloroso e problematico.

- Sostiene la persona che lo indossa e la supporta durante i periodi di maggiore stress, portando un senso di tranquillità e completezza.
- E' anche una pietra di profonda equità e giustizia personali, rafforzando le responsabilità, le scelte migliori per la nostra evoluzione e la compassione.
- Può avere un effetto stabilizzante, e può aiutare a ritrovare tutta la propria energia e ci aiuta a utilizzarla in modo più equilibrato. Il Diaspro Rosso aiuta in tutte le aree di sopravvivenza critica, e naturalmente, è un'ottima pietra di protezione.

Allevia i dolori del tratto gastrointestinale, e riduce il dolore di ematomi. Ottimo per le problematiche femminili. Di aiuto con il sangue, l'anemia, le emorragie, e le eruzioni cutanee giovanili. Può favorire un profondo legame con la vita e con la terra. Portandolo con sé ispira un atteggiamento positivo e gioioso incrementando l'agire creativo. Funziona bene in combinazione con le pietre nere e verdi.

Eliotropio

L'eliotropio è stato utilizzato fin dall'antichità per aumentare l'energia personale e la forza fisica. Infonde calma, soprattutto in situazioni di sopravvivenza, e accresce l'adattabilità e il potere di organizzazione, diminuendo confusione e ansia.

- Viene spesso usato per purificare e disintossicare il corpo, purifica i chakra inferiori, riallineando le loro energie.

L'eliotropio è stato sempre usato nella magia rituale.

Nell'antica Babilonia, veniva usato in rituali contro i nemici e nell'antico Egitto utilizzato per aprire le porte spazio-temporali e rompere i legami.

L'eliotropio può aiutare a migliorare l'intuizione e la creatività, e può essere utilizzato per combattere la stanchezza, e la confusione.

- È bene tenere un eliotropio in qualsiasi luogo dove la sua energia deve essere molto pulita. Ancora oggi l'eliotropio viene usato come medicina e afrodisiaco in India.

Ematite

L'ematite nell'antico Egitto veniva utilizzata per tamponare il
sangue e promuovere la formazione di cellule del sangue.
Nel Medioevo l'ematite è stata chiamata "pietra del sangue" a
causa del fatto che l'acqua diventava rossa a contatto con il
minerale e si usava indossare gioielli di ematite durante un lutto.

- E' un'ottima pietra di radicamento, rafforza il corpo e
migliora la resistenza alle sollecitazioni emotive; si tratta
di una potente pietra che aiuta a sopportare le prove e le
vicissitudini della vita.
- L'ematite, oltre la sua associazione con il sangue, è anche
nota per essere una pietra per la mente.
- Crea organizzazione mentale e concentrazione e ci aiuterà
nel pensiero logico e nella matematica. Può stimolare
l'assorbimento di ferro e migliorare l'apporto di ossigeno
al corpo, normalizzando la pressione sanguigna e il peso
corporeo.

Le proprietà dell'ematite di riflettere ogni negatività da dove è
venuta, sono note a maghi ed esorcisti; dona una protezione
affidabile contro il malocchio e la magia nera.
Usata insieme con la tormalina nera e la shungite, l'ematite
protegge contro lo stress geopatico e smog elettromagnetico,
oltre che da negatività, da attacchi psichici e da magia rituale,
rimandando al mittente ciò che aveva inviato.

- Curiosità: in passato l'ematite veniva usata per la
costruzione dello specchio magico.

Fluorite

Ottima pietra per rafforzare le ossa, i denti e migliorare il dolore associato all'artrite. La Fluorite aiuta a ravvivare l'appetito sessuale. Le proprietà della Fluorite consentono di proteggere gli operatori del benessere o chiunque è a stretto contatto con molte persone da manipolazione psichica, volontaria o non. In diverse parti del mondo la Fluorite si pensava essere la "casa dell'arcobaleno" a causa dei colori mescolati presenti in essa.

- La Fluorite può aiutare ad aumentare la concentrazione e l'intuizione. Essa può implementare a mantenersi imparziali quando le decisioni non ci devono coinvolgere emotivamente.
- La pietra Fluorite è altamente protettiva e funziona da stabilizzatore energetico.
- Assorbe energie negative dall'ambiente ed è efficace per la nostra Aura e la pulizia dei Chakra.
- Aiuta a cogliere concetti più elevati, è una pietra formidabile per studenti universitari e ricercatori che hanno bisogno di analizzare i dati e giungere a conclusioni.

In particolare, consente innovazione e inventiva, essendo una pietra molto efficace da utilizzare per la creatività mentale e per creare ricchezza e prosperità.

- La Fluorite lavora ottimamente con tutte le pietre, in particolare con agata e corniola.

Galena

Uno dei più antichi usi della pietra galena era di uso cosmetico; nell'antico Egitto, infatti, era uso applicarla intorno agli occhi per ridurre il bagliore del sole del deserto e per respingere mosche, che erano fonte potenziale di malattie. La pietra galena, offre un buon radicamento a terra e migliora il percepire le energie sottili in noi e negli altri. La galena è una pietra di forte armonia personale, stimola l'interazione a tutti i livelli, e contribuisce a ridurre i pensieri limitanti, ma contemporaneamente ci insegna l'accettazione dei nostri limiti. Promuove la maturità olistica, il rapporto con la natura e gli animali. Viene utilizzata per aprire porte tra il corpo fisico e gli altri corpi sottili, per consentire l'allineamento e la circolazione di energie, stimolando anche il sistema nervoso.

- La galena è una forte pietra di trasformazione e la sua energia efficace si manifesta quando ci si imbarca in un viaggio spirituale personale, incentivando la recettività e dando il coraggio e la capacità di affrontare compiti inizialmente difficili.
- La galena può aiutare il contrastare di radiazioni e inquinamento elettromagnetico e di altre forme di energia pesante ambientale.
- Può aiutare nel ridurre infiammazioni ed eruzioni cutanee, nei problemi di circolazione e la crescita dei capelli.

La galena permette di mantenere costante la connessione con il Divino, anche in luoghi e nei momenti più oscuri.
- La Galena, unita alla Labradorite, viene usata per una profonda guarigione interiore, mentre si rivela ottima se abbinata assieme a Tormalina nera e Shungite, per protezione personale da qualunque energia "non gradita".

Giada

La giada è tra i più antichi oggetti rinvenuti dall'antichità che risalgono a circa 7.000 anni fa e data la sua durezza, è stata usata per produrre armi e coltelli rituali.

La lavorazione della giada in Cina (chiamata "yu") continua ininterrottamente da 5.000 anni per realizzare oggetti di culto finemente lavorati, dato che la giada, nella tradizione cinese, simboleggia le cinque virtù dell'umanità:

- La saggezza.
- La compassione.
- La giustizia.
- La modestia.
- Il coraggio.

La giada è particolarmente utile per coloro che reagiscono ai cambiamenti delle condizioni atmosferiche, stabilizza ed equilibra notevolmente l'energia maschile e femminile di chi la indossa.

- La giada è una pietra che può aiutare a raggiungere i nostri obiettivi instillando intraprendenza e consente di vedere oltre i nostri limiti auto imposti e di manifestare le nostre idee nel mondo fisico.
- La pietra di giada è considerata una pietra che aiuta e propizia a fortuna economica.

Le proprietà della giada (meglio se insieme all'ambra e alla calcopirite) sono molto protettive e particolarmente indicate nei bambini contro le malattie infantili.

- Ottima si rivela se si vuole sperimentare sogni più vivi, mentre se invece si desidera ottenere una maggiore comprensione dei sogni psichici, provare a dormire con la giada sotto il cuscino o sul comodino per un po' di tempo.

Granato

Il granato si trova sotto forma di gioielli in varie culture antiche come gli antichi Egiziani, i Greci e i Romani.

Il granato in astrologia Vedica è stata a lungo un talismano usato per allontanare le influenze maligne del corpo celeste chiamato Rahu. Storicamente, si credeva poter dare protezione da ferite e veleno e per fermare il sanguinamento da ferite.

• Particolare la credenza orientale che il granato detiene non solo il potere di proteggere il suo utilizzatore da energie negative manifestate da altri, ma di respingere tali energie negative a chi le ha originate. Il granato può essere utile per una totale schermatura corporea e per l'anima.

Come pietra di moderazione può essere utilizzato per bilanciare il chakra sacrale e il desiderio sessuale eccessivo e per favorire la crescita controllata della Kundalini, ispirando amore e passione, devozione e lealtà ma anche la costanza nelle amicizie. Quando il granato viene utilizzato in combinazione con l'ametrino o la cianite, può contribuire a fornire informazioni di vite passate.

Peculiarità del granato è il calmare la rabbia interna, e non manifesta, che si possiede nei propri confronti.

Howlite

La pietra howlite, si chiama così da Henry How, un chimico canadese, geologo e mineralista che l'ha classificata nel 1868 scoprendola in Nuova Scozia.

La pietra howlite è nota per le sue forti associazioni con atteggiamenti di pura consapevolezza del sé, per l'incrementare la creatività e nel migliorare i bisogni emotivi.

* La howlite migliora la formazione del carattere e un senso di pulizia interiore, che incoraggia un comportamento incentrato alla decenza e tatto.

* Inoltre può aiutare a calmare le emozioni, rallentando le menti troppo iperattive e contribuisce a raggiungere un sonno profondo e riposante.

* La howlite può aiutare con l'assorbimento del calcio nelle ossa e nei denti, e bilanciando i bisogni emotivi, consente anche di rilassarsi e liberare la tensione muscolare dovuta a grandi sforzi fisici o a posture sbagliate.

Le proprietà dolci e leggere della howlite ne fanno una bella pietra per aprire la strada alla recettività di altre pietre o cristalli usati assieme. La pietra howlite incoraggia il nostro desiderio di conoscenza intrapresa e aiuta a mantenere quello che si è imparato permettendoci di anche esprimerlo.

Jaietto

Il jaietto è un legno minerale di carbone, compatto e molto leggero, che è stato immerso in acqua per milioni di anni, poi compattato e fossilizzato.
Il jaietto non è da non confondere con la Lignite che è un carbone marrone molto giovane da materiale organico di origine vegetale, la cui fossilizzazione non si è completata.

* Il jaietto è conosciuto per le sue potenti proprietà protettive contro gli spiriti maligni, incantesimi e stregonerie, ma anche per le sue potenti qualità per aumentare l'efficacia della magia dalle Alta Sacerdotesse Wiccan.
* Il jaietto è una pietra ideale per la meditazione e per aumentare la consapevolezza spirituale.
* E' stato ampiamente utilizzato in gioielli di lutto in epoca vittoriana per il colore scuro e l'aspetto modesto.
* La pietra jaietto ci aiuta a compensare l'aura delle energie impure.

Può essere usato per pulire e deprogrammare gli altri cristalli mettendoli in una ciotola con alcuni pezzi più piccoli di jaietto.
Coloro che soffrono di nervosismo e soggetti iperattivi possono trovare un vantaggio tranquillizzante dal jaietto, in quanto integra vibrazioni più elevate nei chakra inferiori e porta un senso di interezza calmante per l'individuo.
Il jaietto è noto per lavorare in sinergia con la moldavite.

Labradorite

La labradorite è stata scoperta nella provincia di Labrador, in Canada nel 1770. Una famosa leggenda eschimese racconta che una volta l'aurora boreale fosse proprio imprigionata nella roccia lungo la costa del Labrador. Un guerriero errante eschimese, con dei colpi di lancia, liberò la maggior parte delle luci intrappolate nella roccia e quelle che vi rimasero formarono la labradorite. La labradorite, altamente mistica, aumenta l'intuizione innata e migliora le abilità psichiche, rendendola ideale per lavorare con il chakra del terzo occhio. L'intuizione e l'intelletto sono bilanciate dalla labradorite, permettendo alle illusioni di svanire e far emergere le vere intenzioni personali.

- La labradorite, è un cristallo che riesce a espande i limiti della sfera cosciente, promuovendo una sana rivalutazione delle proprie capacità e talenti nascosti.

- Inoltre può aiutare a unire il subconscio con la mente cosciente ampliando i limiti della nostra mente.

- La labradorite può essere di aiuto per i disturbi degli occhi, per quelli cerebrali, e per aiutare a regolare il metabolismo e il processo digestivo.

- Ottima pietra per coloro che soffrono di attacchi di panico o che hanno fobie.

Curiosità: la labradorite è stata trovata in alcuni meteoriti.
Le proprietà della labradorite ne fanno un'ottima pietra per interpretare i sogni e imparare nuovi modi di utilizzarli nella vita quotidiana. E' anche molto protettiva, rafforza e proteggere l'aura da perdite di energia aiutandola a mantenere una vibrazione pulita ed equilibrata, allineando così il corpo fisico con quelli eterici.

Lacrima d'Apache

La Lacrima di Apache (obsidian tears apache) è un tipo di ossidiana che si presenta ruvida e opaca; si forma quando la lava calda entra in contatto subito con dell'aria fredda e si solidifica rapidamente prima di colpire il suolo.

- La Lacrima di Apache, minerale prodotto dall'energia del fuoco nato nella profondità della terra, è un meraviglioso compagno di lavoro con l'Energia.

- La leggenda narra che le Lacrime di Apache si formano dalle lacrime delle donne Apache per la morte dei loro uomini. Le Lacrime di Apache in cristalloterapia possiedono molte delle qualità di Ossidiana nera.

Esse sono pietre protettive e risultano ottime da portare a contatto con sé o da utilizzare per la meditazione e il proprio cammino spirituale.

Lapislazzuli

Il lapislazzuli è una pietra semi-preziosa apprezzata per il suo colore blu profondo mentre le molte strisce bianche (di calcite) abbassano il valore del lapislazzuli.

I Sumeri credevano che il lapislazzuli poteva contenere gli spiriti delle Divinità; nell'antico Egitto, e più precisamente, ne "Il Libro dei Morti" si afferma che il lapislazzuli a forma di un occhio poteva diventare un amuleto di grande potere.

Gli Egiziani lo consideravano, come mostrato nel Papiro Ebers, avente proprietà medicinali per la vista.

Il lapislazzuli è una delle pietre della "Corazza del Giudizio" di Aronne, come descritto nella Bibbia.

- La pietra lapislazzuli ci aiuta a eliminare il vecchio bagaglio emozionale che ci portiamo dietro e che spesso ci fa male, risveglia l'intuizione e aumenta il livello vibrazionale corporeo.

- Ottimo come potente pietra difensiva e protettiva (amuleto) anche per blocchi di attacco psichico.

- Il lapislazzuli riduce le infiammazioni e il dolore (in particolare alla testa).

- Il lapislazzuli è una pietra che vibra soprattutto con il chakra del terzo occhio: sviluppa l'intuito amplificando ed espandendo le capacità psichiche e di chiaroveggenza.

Attiva la ghiandola pineale e apre la comunicazione con il proprio mondo spirituale, favorendo lo sviluppo dell'immaginazione.

- Come la maggior parte delle pietre blu, anche il lapislazzuli stimola e attiva il chakra della gola.

Essendo una pietra fortemente spirituale, vibra anche con il quinto chakra, migliorando la creatività, creando chiarezza nel comunicare e profondità di pensiero.

Proprio perché il lapislazzuli aiuta a sviluppare profondità di fede e grande convinzione, aumenta la fiducia in se stessi e la comprensione della propria spiritualità, facendo protendere verso la decisione più giusta; da questo deriva quella che viene definita "illuminazione", ossia una comprensione istantanea e sorprendente del proprio cammino spirituale.

Per ciò che riguarda la salute, il lapislazzuli è collegato al benessere della tiroide, della gola, del sistema immunitario, di quello respiratorio e del sistema nervoso.

- Sembra che indossare il minerale possa alleviare l'emicrania e aiutare chi si sente ansioso o depresso.

Larimar

La pietra Larimar fu scoperta nel corso dell'anno 1916 a Barahona, a sud-ovest della Repubblica Dominicana. Scoperta da un sacerdote spagnolo Miguel Domingo Fuertes, riportò la notizia ma nessuna azione mineraria fu intrapresa. Esiste solo una posizione di estrazione per questa gemma rara, che si trova nell'angolo sud-ovest del paese. Edgar Cayce (noto fotografo e chiaroveggente) predisse che in una delle isole dei Caraibi, essendo i resti della terra di Atlantide, una pietra blu di origine atlantidea sarebbe emersa con gli attributi di guarigione straordinaria.

- Le proprietà del larimar ne fanno una gemma dalle enormi potenzialità, uno dei pochi cristalli per bilanciare tutte le polarità energetiche.

- Il larimar raffredda gli animi e le paure; calma e allevia lo stress e nutre il corpo fisico ed emotivo. Il larimar può essere una fonte di ispirazione e incoraggiamento verso il miglioramento della propria realtà personale, specie sui piani spirituali e fisici.

- Può alleviare la pressione alta e i problemi legati allo stress, oltre che alleviare un eccesso di febbre e infiammazioni. Può anche essere usato per stimolare la cartilagine e per sciogliere fastidiosi blocchi di testa e al collo.

La quantità disponibile di larimar è tutt'ora sconosciuta, il che rende la reperibilità di questa pietra molto incerta nel lungo periodo. La pietra larimar ha la capacità di diminuire la frequenza e l'intensità delle vampate di calore e quando le energie della kundalini sono diventati fastidiosamente attive.

Magnetite

La magnetite è in cristalloterapia una pietra indicata per la realizzazione dei desideri: attrae infatti ciò a cui si aspira, sia in termini di situazioni che di persone positive per la psiche.

- È il minerale più ricco di ferro ed è soprattutto famoso per la sua forza magnetica, spesso anche polare-magnetica: proprio per questa sua proprietà, riesce a bilanciare benissimo gli emisferi del cervello, quindi è considerata ottima per mantenere "i piedi ben saldi per terra", nonché utile all'essere fattivi e propositivi.

Questo insolito minerale è molto potente nel visualizzare ciò che si vuole e, soprattutto, nell'attirarlo a sé, facendolo entrare nella propria vita; il magnetismo di queste pietre stimola il raggiungimento di abbondanza e prosperità e, non ultimo, può aiutare anche a far sì che dall'amore e dall'impegno di in una relazione interpersonale nascano i massimi frutti.

- Le qualità magnetiche della pietra permettono di avere una visione più equilibrata della vita, aiutando anche a superare i problemi emotivi. Per le donne che soffrono di sindrome premestruale, la magnetite è indicata per placare l'emotività e per ridurre gli sbalzi d'umore.
- Si tratta di una pietra che aumenta il nostro contatto con la terra, quindi, vibra soprattutto con il chakra di base (alla base della colonna vertebrale) e con il chakra della stella della terra (posizionato a circa 15 cm sotto le piante dei piedi).
- È un'eccellente rimedio, perciò, a cui ricorrere se si intraprende un cammino spirituale. Se impiegata in meditazione, aiuta a immettersi negli stati di concentrazione più profondi.

La connessione con Madre Terra genera un più profondo apprezzamento del nostro pianeta, aumentando in modo naturale la capacità di amarlo e di amare.

Ha un forte potere vibrazionale: la magnetite in passato era conosciuto come cristallo sciamanico; questo per la sua forte capacità di favorire la connessione alla natura, vibrando soprattutto con il chakra della stella della terra. Proprio le sue vibrazioni, inoltre, sono molto efficaci per aiutare a bilanciare tutta l'aura.

- In questo senso, funziona bene se si usano due pietre: una alla base della colonna vertebrale, in modo che la sua energia sia vicino al chakra di base, e l'altra sulla parte superiore della testa, in corrispondenza del chakra della corona. È normalmente impiegata, inoltre, anche per portare i chakra e i meridiani in allineamento.

Avvicinandosi all'energia della natura tramite questa pietra, l'intero organismo viene rivitalizzato. Per la guarigione personale, tenere una pietra in ogni mano per bilanciare entrambi gli emisferi del cervello.

- Riequilibra la propria parte maschile e femminile dal punto di vista fisico, emotivo, mentale e spirituale: questo bilanciamento è molto efficace per migliorare le proprie capacità cognitive e telepatiche.

La magnetite può, in ultimo, rafforzare l'intuito soprattutto in coloro che fanno troppo affidamento su razionalità e logica: si può imparare a fidarsi più del proprio istinto e del flusso delle proprie sensazioni, rilasciando ogni ansia e negatività.
Tutto ciò contribuisce a mantenere uno stato d'animo meditativo e rilassato.

Malachite

Le proprietà della malachite si pensa possano riuscire a raggiungere i sentimenti più interiori della persona e riflette quello che si è, negativo o positivo.

La malachite difatti viene chiamata "pietra specchio dell'anima". La malachite fin dai tempi antichi si crede possa essere un potente protettore dei bambini, e si ritiene possa proteggere chi la indossi dagli incidenti. Protegge i viaggiatori ed è di forte equilibrio nelle relazioni. Polvere di malachite era già usata già nel 3000 a.C. dagli antichi Egizi come cosmetico per il trucco degli occhi.

• Si ritiene che guardare o indossare malachite possa rilassare il sistema nervoso e calmare turbamenti emotivi, portando un senso di pace e di armonia.

• La malachite ci ricorda che abbiamo una duplice natura, ed è compito di ogni persona conoscere e governare la propria persona.

• Da usare abbinata al rame per aumentarne il potere.

Mookaite

La mookaite ha un forte legame con le energie della Terra e la sua forza vitale; questa gemma ci mette in contatto con le correnti elettromagnetiche della Terra e ci incoraggia a unire le energie di entrambi, fornendo stabilità alla nostra prospettiva di vita e contribuendo a prendere le giuste decisioni basate sulla conoscenza obiettiva.

La mookaite ci insegna a elevare la vibrazione del nostro corpo e dei nostri pensieri in modo che possiamo drammaticamente rallentare il nostro processo di invecchiamento.

Dona a noi una mentalità "giovane dentro" e uno spirito senza età.

- Tradizionalmente, la mookaite fornisce una connessione potente verso il regno animale, rafforzando l'istinto e la nostra comunicazione non verbale con loro.
- Apre anche un collegamento potente verso i nostri antenati, portando una comprensione intuitiva della naturale evoluzione dello spirito.

Ottima pietra per il supporto al sistema riproduttivo, per facilitare la tensione bassa della schiena, per rafforzare il sistema immunitario, purificare il nostro fegato e per combattere gli effetti dell'invecchiamento. La mookaite è un supporto ottimo durante la meditazione, in particolare si può usare per accedere alla memoria genetica per risvegliare tutte le proprie capacità.

- E' una ottima bilanciatrice dei primi chakra, ed è in grado di migliorare notevolmente il flusso di energia tra i primi tre chakra, fornendo un ottimo radicamento e scaricamento alla Terra.

Occhio di Bue

Ha la capacità di aumentare notevolmente la fiducia in se stessi e portare soddisfazione, conforto emotivo e migliorare la capacità artistica e talento, se innati. La pietra occhio di bue, con le sue vibrazioni intense, stimola le persone deboli di volontà a esprimersi senza paura e con coraggio. Aiuta a difendersi dalle situazioni opprimenti e dalle persone che non sanno stare al loro posto.

- Antidolorifica, rinforza la zona del plesso solare e calma il nervosismo da stress: utile agli studenti per l'aiuto che dà alla concentrazione.

- La pietra occhio di bue aiuta a centrarsi, a considerare i vari punti di vista e a trovare il proprio punto interiore di equilibrio fra sé e il mondo.

- E' ottimo negli elisir e per lavorare in sinergia con occhio di falco, la sardonica e il quarzo ialino.

Occhio di Falco

La pietra occhio di falco è stata tradizionalmente associata da sempre con l'Antico Egitto e più precisamente con l'occhio di Horus. È proprio dall'Egitto si è creduta pietra per migliorare la guarigione a livello vibrazionale e per aprire la strada a una più chiara comunicazione tra la parte percettiva del sé e la parte fisica del nostro corpo, dove viene effettivamente manifestata la malattia.

L'occhio di falco è anche in grado di aiutare a visualizzare la vostra dimensione spirituale, chiarendo meglio la sfera personale degli obiettivi materiali.

• E' inoltre in grado di trasformare i progetti materiali dell'immaginazione in piani pratici, permettendo così di manifestare concretamente le visioni nel mondo materiale.

• L'occhio di falco può migliorare la circolazione, i movimenti intestinali, l'uso coordinato di gambe e braccia e la vista.

• Può aiutare delicatamente a sintonizzare il Terzo Occhio e migliorare le capacità psichiche come la chiaroveggenza.

• Ci aiuta a guardare un blocco emotivo che può essere sepolto nel profondo della nostra psiche.

L'occhio di falco è utile a chiunque di intraprenda viaggi sciamanici, viaggi astrali o sfide spirituali, in quanto è capace di collegarsi a entità degli antenati o a spiriti illuminati che restano vicino alla nostra dimensione per offrire una guida e sostegno a chi chiede il loro aiuto.

Occhio di Gatto

La pietra occhio di gatto è un'ottima pietra di radicamento alla terra che fornisce un'energia vibrazionale molto alta e un'efficace protezione eterica grazie alla sua capacità di dissipare energie non armoniche dalla nostra aura. L'occhio di gatto agisce amplificando le energie di altri cristalli, stimolando l'intuizione e migliorando la consapevolezza, attraverso una maggiore creatività e gentilezza. Aumenta notevolmente le capacità psichiche e la manifestazione delle cose materiali. L'occhio di gatto è sempre stato creduto, dai mistici e dagli esoterici, capace di donare un profondo pensiero filosofico e la capacità di essere saggio. Può essere utile quando serve maggiore concentrazione o per stimolare la guarigione. Tradizionalmente si crede possa proteggere chi lo indossa da spiriti maligni.

• Ottima pietra per i disturbi agli occhi, per migliorare la visione notturna e per alleviare il mal di testa. E' anche un regolatore dell'umore ed è benefico per eliminare la stanchezza e l'irritabilità.

• Si ritiene che protegga e moltiplichi la ricchezza di chi la indossa. A tal fine si consiglia di tenerlo nello stesso luogo in cui è tenuto il denaro.

74

Occhio di Tigre

La pietra chiamata "occhio di tigre" è un cristallo di quarzo, con splendide fasce di colore giallo dorato che lo attraversano; è un minerale potente che aiuta l'armonia e l'equilibrio, migliorando gli stati di ansia e paura.
Stimola l'azione e aiuta a prendere decisioni con discernimento e comprensione, oltre che con una grande chiarezza mentale.
* Il colore va dal giallo al bruno e al marrone, attraversato da bellissime sfumature striate.

Il minerale è un grande amplificatore di energia, come nella maggior parte dei casi di cristalli di quarzo, e aumenterà a sua volta l'energia di tutti gli altri cristalli con cui si utilizza.
La pietra combina l'energia della Terra con quella del Sole, mantenendo forte il radicamento della persona che la usa, rivelandosi così anche un'ottima pietra da meditazione.
Migliora il coraggio e la tenacia, permettendo che questi attributi siamo sempre bilanciati con chiarezza mentale e una visione gioiosa.
Le proprietà dell'occhio di tigre vengono utilizzate anche per saper discernere la verità in ogni situazione e aiutare la comprensione della vita che si sta vivendo.
I benefici possono contribuire a rallentare il flusso di energia attraverso il corpo, che rende la gemma molto utile per malattie legate allo stress.
* Ottima pietra per l'artrite e le infiammazioni del tessuto osseo.
* Si dice sia utile nei casi di schizofrenia, vari disturbi mentali e l'ossessione impulsiva.
* Promuove il flusso di energia migliore attraverso il corpo quando la si indossa.
* Diventa così un'ottima pietra per la concentrazione, in particolare per chi ha dei deficit di attenzione.

- L'occhio di tigre può essere utilizzato per migliorare le abilità psichiche e favorire l'attività del chakra del terzo occhio.

Si suggerisce di utilizzare l'occhio di tigre in combinazione con Quarzo Ialino, il Serpentino e la Pietra di Luna. Questa pietra vibra molto con il chakra sacrale (o dell'ombelico) e dona un'energia utile a migliorare la creatività. La sua vibrazione all'interno di questo chakra aiuta anche le persone distratte o svogliate ad assumersi impegni e a portarli a termine, in quanto dona coraggio e forza d'animo.

- Poiché l'occhio di tigre lega al terreno attraverso il chakra di base, aiuta ad essere più calmi e centrati: permette, in altre parole, di prendere le misure necessarie per essere più pratici nella vita.

Con l'occhio di tigre si stimola anche l'aumento dell'energia Kundalini, il serpente arrotolato che risiede alla base della colonna vertebrale. Quando viene stimolato, può salire attraverso la spina dorsale: si dice che questo processo può portare all'illuminazione.

- Se si desidera utilizzare l'occhio di tigre per questo scopo, si può combinare con esso il serpentino, che a sua volta faciliterà il processo di risveglio della Kundalini.

Onice Bianco

Il suo nome deriva dalla parola greca "onux", che significa "unghia". La leggenda narra che un giorno Cupido tagliò le divine unghie di Venere con una punta di freccia, mentre lei dormiva e le Parche (le tre figlie di Zeus che tessevano il filo del destino di ogni uomo) le mutarono subito in pietra, in modo che nessuna parte del corpo divino di Venere potesse mai distruggersi. Gli antichi Egizi ritenevano che l'onice bianco poteva raffreddare gli ardori sessuali quando esagerati. Le proprietà dell'onice bianco mantengono la memoria degli eventi fisici che circondano una persona. Una pietra forte da utilizzare per lavoro psichico in quanto racconta la storia di chi lo indossa. Una pietra di forza, buona per gli sportivi o per le persone sottoposte a stress mentale ed emotivo.

- La pietra bianco porta equilibrio alla mente e al corpo, ed è una pietra meravigliosa per coloro che sono volubili per natura, in quanto contribuisce a stare con i piedi per terra e a mettere ben a fuoco la nostra attenzione.

Tradizionalmente può essere particolarmente utile per le malattie della pelle, la guarigione delle ferite infette, infezioni fungine, infiammazioni e anche scottature.
Aiuta a prevedere ciò che c'è oltre e a diventare il padrone del proprio futuro, togliendo le dipendenze inutili al processo di crescita, specie i coinvolgimenti emotivi ed emozionali insalubri o fastidiosi.

- Ottimo l'elisir di onice bianco per la nostra pelle arrossata o per rivitalizzarla, da utilizzare con impacchi ripetuti durante il giorno.

77

Opale

L'opale racchiude il potere di tutti gli elementi e le loro rispettive caratteristiche:
- L'energia e la forza del Fuoco.
- La prosperità, la pace e il benessere della Terra.
- L'intuizione, le emozioni e la sensibilità dell'Acqua.
- La comunicazione e la creatività dell'Aria.

L'opale ha un effetto benefico generale sulla salute, soprattutto sulle articolazioni. Attiva le funzioni vitali e aiuta il cuore a battere regolarmente e con serenità (soprattutto l'opale rosa). Allevia i disturbi all'apparato digerente e riequilibra il sistema nervoso (soprattutto l'opale nobile). L'opale di fuoco stimola l'energia vitale ed è perciò utile per le persone deboli e apatiche. L'opale ispira gioia di vivere e stimola il desiderio di cambiamento, perciò è particolarmente indicata se si devono prendere decisioni importanti. Favorisce l'ottimismo e la sessualità.

Tuttavia, non è una pietra con un'energia facile da gestire: in quanto strettamente connessa con il pianeta Nettuno e consacrata alla verità e all'altruismo, è inutile tentare di utilizzarla se si perseguono scopi egoistici o distruttivi.

Specialmente, l'opale di fuoco è utile per la depressione e per rafforzare la volontà.
- La varietà opale di fuoco agisce sul 2° chakra.
- La varietà rosa agis ce sul 4° chakra.
- La varietà nobile nero e il crisopale agiscono sul 5° chakra.
- La varietà nobile bianco lavora sul 7° chakra.

L'opale può essere scaricato dopo l'uso sotto l'acqua corrente. Per ottenere effetti visibili sul piano spirituale si consiglia di portare la pietra con sé a stretto contatto con la pelle.

Opale Boulder

L'opale boulder è un ottima pietra per il progresso, l'espansione e lo sviluppo personale. Aiuta a collegare il nostro conscio con il subconscio, permettendo una compensazione e comprensione di se stessi a livello psichico e mentale.
L'opale boulder facilita la comunicazione tra la nostra dimensione terrena e quella di altri mondi di dimensioni diverse. Proprio in virtù della sua profonda connessione con la terra, diventa un ottimo alleato per il nostro radicamento, specie durante i periodi di sostanziali cambiamenti della nostra vita.
Permettendo un equilibrio emotivo e mentale, calma l'anima interiore e pulisce e illumina l'aura personale, stimolando la centratura.

- È usato per accedere alle guide spirituali superiori e alle guide animali.
- Può essere utilizzato per stabilizzare l'energia personale.
- L'opale boulder è pietra eccellente per gli occhi e nella comunicazione di tutte le forme verbali.
- E' un bilanciatore emozionale che aiuta la bellezza interiore e la fedeltà.

Indossare, toccare e meditare con l'opale boulder aiuta ad aumentare le capacità mentali quali la visualizzazione creativa, l'intuizione e la veggenza, potenzialità non utilizzate della mente.
L'opale boulder rafforza la volontà di vivere appieno la vita.

79

Opalite

L'opalite varia da un colore chiaro a un colore lattiginoso, assumendo una luce ultraterrena o un bagliore luminoso blu, soprattutto se collocata su uno sfondo scuro.
Ecco perché a volte è scambiata per pietra di luna.
Si trova anche in varie tonalità di viola scuro, lavanda e bianco panna con turbinii di aree giallo, marrone chiaro e scuro e rosa.
Il suo nome deriva dalla parola sanscrita "Upala", che significa pietra preziosa.
L'opalite è considerata pietra di guarigione, rimuove i blocchi energetici e aiuta a combattere la stanchezza. Purifica anche il sangue e i reni. Incoraggia a esplorarsi dentro e tutto intorno, per scoprire che anche gli obiettivi di vita più inimmaginabili, possono essere raggiunti.

- Allevia anche la depressione e diminuisce il comportamento aggressivo.
- L'opalite attrae fortemente gli Esseri di Luce, è una pietra da utilizzare nella comunicazione di tipo Angelico e per attrarre energie di Luce verso gli ambienti.
- Viene utilizzata in meditazione, poiché è associata con il chakra del terzo occhio e al chakra della corona.
- Aiuta nell'interpretazione delle informazioni psichiche e aiuta a verbalizzare i sentimenti interiori.

L'opalite può aumentare il desiderio sessuale e migliorare l'esperienza sessuale. Viene utilizzata in gioielleria e da alcuni aderenti alla Wicca e di altre fedi pagane in pratiche come i rituali di guarigione.

- Data l'enorme richiesta è possibile trovare l'opalite anche di tipo artificiale a base di vetro.

Ossidiana

L'ossidiana è un vetro vulcanico che si forma in seguito al rapido raffreddamento della lava; si trova in vari posti del mondo e in altrettante tipologie, oltre che in diversi colori.

Tra le molteplici tonalità, esiste la pietra color arcobaleno, dall'aspetto variopinto con presenza di verde, viola, marrone e blu; un'altra tipologia è l'ossidiana fiocco di neve, che è una pietra bianca e nera. Quest'ultima presenta una forte vibrazione spirituale e di protezione psichica.

- L'ossidiana ha la straordinaria e inquietante capacità di scavare in profondità nelle proprie ombre, portando avanti grande intuizione e conoscenza, sia personale sia sulle cose materiali.

- E' una pietra efficace per combattere lo stress e la depressione, il rilascio di vecchi rancori e di accettazione del passato.

- Attenua il dolore e stimola la circolazione del sangue.

- Inoltre, si tratta di una pietra protettiva rispetto a problemi futuri: può aiutare soprattutto coloro che, in qualche modo, si mettono spesso nei guai per mancanza di giudizio o per una propensione personale.

I minerali vibrano soprattutto all'interno del chakra di base e aiutano a liberarsi dell'energia in eccesso, attraverso il chakra della terra. In cristalloterapia, l'ossidiana aiuta la comunicazione spirituale, tanto che per secoli gli sciamani hanno utilizzato tali cristalli per entrare in contatto con i propri spiriti guida. Il minerale, inoltre, è noto per amplificare i poteri medianici e il dono della profezia.

Avvicinando questa pietra sul terzo occhio, le si può chiedere quale sia lo scopo da raggiungere nella vita attuale.

Inoltre, è indicata anche a coloro che hanno fatica a riconoscere la presenza di problemi, visto che è un cristallo che stimola la ricerca della verità e, dunque, l'accettazione della stessa.

L'ossidiana nera non è solo una pietra molto bella, ma anche molto semplice da acquistare.

È comune trovare dei gioielli che, oltre a questo elemento, contengano anche altre nuance.

- La pietra scura viene spesso utilizzata con altri cristalli per amplificarne l'aspetto della protezione psichica, combinandola con la tormalina nera, il quarzo fumé, la shungite, l'agata di fuoco, il vetro del deserto libico, la tormalina marrone, la stellerite, l'astrofillite, il quarzo rutilato oro e il quarzo tormalinato.

Pietra del Sole

La pietra del sole è conosciuta anche con il nome di heliolite, il cui significato deriva dal greco "helios" che significa "sole" e da "lithos" che significa "pietra". La pietra del sole è stata utilizzata nella Grecia antica per rappresentare il Dio Sole, Helios (o Apollo). In Grecia si credeva che la pietra del sole rinvigoriva e migliorava lo stato del corpo fisico e lo spirito, portando rinnovata salute a entrambi. Questa gemma particolare è stata apprezzata dagli antichi maghi, che usavano la pietra del sole per attirare la forza del sole associandola al potere e alla ricchezza materiale.

Le proprietà della pietra del sole sono note per la sua potente connessione alla luce e la potenza del sole, conferendo un carattere solare. Essa porta la luce a tutte le situazioni, ed è una pietra ottimale per il chakra del plesso solare e per tutti i chakra. E' una pietra potente per dissipare paure e fobie di ogni genere, aumenta volontà, così come l'energia vitale personale; Può fornire la capacità di resistenza e l'energia necessari per intraprendere progetti e attività che possono trovare ostacoli oggettivi.

- Ottima per la cronicità del mal di gola e per alleviare il dolore delle ulcere gastriche.
- Usata anche per cartilagine, reumatismi e dolori generali.
- Portata a stretto contatto, stimola il potere personale di attrazione.

La proprietà della pietra del sole vengono esaltate se utilizzata assieme alla pietra di luna, specie nei solstizi, nei rituali personali, nei lavori energetici e incantesimi. Insieme rappresentano l'equilibrio di potere tra le caratteristiche fisiche e le caratteristiche psichiche e spirituali.

Pietra di Luna

La pietra di luna è stata usata per secoli in una grande varietà di culture. Essendo una perfetta espressione dell'energia yin, ossia l'energia misteriosa e placida della luna, questa pietra è a sua volta portatrice di calma, pace ed equilibrio.

La serenità e la tranquillità che il minerale genera ha un effetto sensuale e straordinario, infondendo, col suo morbido bagliore, creatività e ottimismo. Anticamente, ma anche a tutt'oggi, in India la pietra di luna è considerata una pietra sacra.

Associata con la luna, la pietra era indossata della dea Diana e in Oriente amuleti di pietra di luna erano spesso appesi ad alberi da frutto per assicurare colture feconde e abbondanti e nel medioevo, dagli alchimisti, si riteneva che se tenuta in bocca, la pietra di luna poteva contribuire nel prendere decisioni appropriate.

- La pietra di luna è una gemma di intuizione e comprensione profonda, aiuta a bilanciare il corpo emozionale accentuando la libertà di espressione e attenua in particolare le tendenze aggressive.
- Apportando energia femminile, la pietra di luna apre il nostro lato più yin, può stimolare il funzionamento della ghiandola pineale, bilancia i cicli ormonali interni con i ritmi della natura, allevia il dolore mestruale e nella gravidanza, favorisce la fertilità e aiuta a stimolare il sistema linfatico e immunitario.
- Può ridurre il gonfiore e il fluido corporeo in eccesso.

La pietra di luna più pregiata viene estratta principalmente dallo Sri Lanka.

Il momento ideale e di massima risonanza per usare la pietra di luna è durante la fase di luna piena; inoltre, grazie alla sua associazione con acqua, risulta essere molto protettiva con persone che abitano vicino a luoghi di mare.

- La pietra di luna connette benissimo tra loro il secondo e il sesto chakra, migliorando la sensibilità intuitiva attraverso comportamenti meno sopraffatti da sentimenti personali.

Funziona a meraviglia quando è abbinata al granato, (rivelando la verità dietro le nostre illusioni) e se usata in concomitanza con l'ametista nei chakra superiori.

- La pietra di luna è una gemma molto personale: riflette l'anima della persona che la possiede. Non toglie e non aggiunge nulla alla personalità, ma la mostra per come in realtà è: per questo è utile durante la meditazione.

È ottima per le donne, ma può essere indicata agli uomini per incentivarli nell'espressione delle loro emozioni. La gemma è, quindi, sfruttata per stimolare il funzionamento della ghiandola pineale e l'equilibrio dei cicli ormonali interni, adattandoli ai ritmi della natura

Nel feng shui, la pietra di luna è utilizzata per le sue proprietà calmanti, per la sua energia yin e per il fatto che richiama l'elemento dell'acqua. Una casa o un ufficio con troppa energia yang può trovare beneficio dalla compensazione che la pietra saprà generare. Assicuratevi di prendervi cura nel modo migliore della vostra pietra di luna, sia nel caso si tratti di sfere e ovali, che per i gioielli.

Pulitela spesso e delicatamente, cercando di preservarla dall'esposizione a una forte luce solare.

Pirite

La pirite, vista la somiglianza con l'oro, ne ha fatto in tutte le latitudini e culture nel mondo un forte simbolo tradizionale per attrarre il denaro e la buona fortuna.

Inoltre la pirite simboleggia il calore e la presenza vitale e duratura del sole, favorendo il richiamo di bei ricordi d'amore e d'amicizia.

* Ha la proprietà di catturare le energie della terra e del fuoco e ciò ne fa uno strumento ottimale sia per bilanciare il chakra della radice sia per il bilanciamento e rafforzamento dell'Aura.

* La pirite può aiutare donando una sensazione di maggiore vitalità durante i periodi di duro lavoro o di maggiore stress. La pirite può aumentare la resistenza fisica, stimolare l'intelletto e aiutare a trasformare il pensiero in azione intelligente.

* Fortemente consigliata alle persone che affrontano giornalmente grandi idee concettuali, nel mondo degli affari, delle arti o dell'istruzione.

Le sue proprietà rafforzano le capacità mentali e la consapevolezza di forme superiori di conoscenza.
Può migliorare la capacità di comunicazione allontanando l'ansia e la frustrazione. Gli impulsi creativi e intuitivi possono essere maggiormente stimolati se utilizzata insieme con fluorite e calcite.

Quarzo Citrino

Quasi tutto il citrino che è disponibile oggi sul mercato in realtà è la pietra ametista (quella di più scarso valore e bellezza) che viene sottoposta a un elevato trattamento termico. Il quarzo citrino naturale va da un giallo pallido sino a un giallo più intenso; tutto ciò che è arancione scuro, marrone, sino al bruno-rossastro, è stato trattato termicamente. Unica eccezione a questo è il citrino più scuro dal nome Citrino Madeira, chiamato così per la somiglianza del colore ai vini di Madera. Si tratta di una pietra che nei tempi antichi è stata usata come protezione contro i veleni e contro le turbe psichiche.

- Il quarzo citrino aumenta l'energia di guarigione del corpo fisico e apre la mente cosciente all'intuizione. Un cristallo energizzante, tonificante contro la stanchezza cronica e altamente benefico, aumenta anche la motivazione interna e promuove l'attività fisica, che a sua volta migliora la digestione e aiuta gli organi di pulizia.
- Può anche funzionare come disintossicante per il sangue.
- Sviluppa calma interiore e sicurezza e ci rende meno sensibili e più aperti alle critiche costruttive. Può dissipare sentimenti negativi e ci aiuta ad accettare il flusso degli eventi. Il quarzo citrino può eliminare comportamenti autolesionisti o tendenze tali e aumentare l'autostima.

E' conosciuto anche come una pietra "del successo" perché è capace di promuovere il successo personale e l'abbondanza, soprattutto nel mondo degli affari e del commercio.
Il quarzo citrino può aumentare il proprio ottimismo in ogni situazione, portando una visione più positiva nella mente subconscia, permettendo di entrare nel flusso delle cose con risultati migliori.

Quarzo Fumé

Il quarzo fumé prende il colore da fonti naturali di radioattività, che sono vicino a dove si formano i cristalli di quarzo. Nella Medicina Tradizionale Cinese il quarzo fumé è utilizzato per stimolare i meridiani, e nell'India antica i Yogi l'hanno sempre tenuto vicino per raccogliere la Kundalini.

I Romani usavano il quarzo fumé come una pietra di profondo lutto, che permetteva di superare meglio il dolore generato.

Se la pietra è naturale, (viste le enormi richieste, oggi viene trattata artificialmente con radiazioni) il quarzo fumé è una pietra di forte potere di trasformazione e viene spesso usata per la rimozione di negatività e di energie non armoniche nei luoghi, data la sua capacità di trasformazione.

- Migliora l'istinto di sopravvivenza, aiuta l'accettazione del corpo fisico e la natura sessuale, e stimola i chakra di base in modo che l'energia possa fluire in modo naturale.

- Può essere utile per tutti i tipi di problemi legati alla parte inferiore del tronco, organi riproduttivi, crampi mestruali, problemi di fertilità.

- Aiuta la regolamentazione dei fluidi del corpo e la ritenzione di liquidi.

- Il quarzo fumé è una pietra eccellente per gli operatori che lavorano con l'energia e che sono a contatto con altre persone.

Le sue proprietà lo rendono una scelta eccellente per coloro che sono abituati al contatto fisico con gli altri e con il proprio io interiore. E' in grado di respingere una quantità enorme di energia disarmonica da diverse fonti, risultando particolarmente ottima da utilizzare per la propria protezione psichica.

Quarzo Ialino

Viene anche chiamato con il nome di cristallo di rocca, che deriva dalla parola greca krustallos che significa ghiaccio, a causa della credenza, che il cristallo di rocca si fosse formato dal ghiaccio. E' il minerale più diffuso sulla terra e si forma in tutti gli ambienti e tutti i tipi di roccia, ed è conosciuto da moltissimo tempo.

Il quarzo ialino è la pietra di guarigione più versatile e potente tra tutti i cristalli, in grado di lavorare su qualsiasi condizione. Notevole è la sua capacità di amplificare le energie sottili che lo circondano, comprese quelli di tutti gli altri cristalli.

- Rafforza notevolmente l'aura, ed è usato per attivare e allineare tutti i chakra, anche i chakra transpersonali.

- Il cristallo di rocca fornisce maggiore energia, e stimola il sistema immunitario a prevenire le malattie gravi.

- Facilita il funzionamento cardiaco, previene l'infarto, porta ossigeno al cervello e stabilizza la pressione sanguigna.

Nella meditazione rafforza il proprio campo energetico e se usato insieme con l'ematite facilita la messa a terra e il radicamento. Permette inoltre la chiarezza emotiva e la purezza del cuore, amplificando le intuizioni spirituali.

Genera elettromagnetismo e dissipa l'elettricità statica.

Se il quarzo ialino è abbinato alla lepidolite, all'ambra e alla tormalina, ne facilita le loro funzioni.

Dato la sua durezza (7 su 10 nella scala di Mohs) e le enormi richieste mondiali, è assai probabile trovare oggetti di vetro (sfere, teschi, laser e altro) invece che di quarzo.

Quarzo Rosa

La pietra quarzo rosa lavorata è stata trovata nella zona un tempo conosciuta come Mesopotamia (l'Iraq di oggi) con pezzi che risalgono al 6000 a.c.

Il quarzo rosa lavora a stretto contatto con il chakra del Cuore, e, infatti, viene chiamata "la Pietra del Cuore": rappresenta l'amore, la bellezza, la pace, e il perdono. E' una pietra dolce, gentile, una pietra calmante che scalda il centro del nostro cuore. E' in grado di bilanciare le nostre emozioni, dando così la pace interiore e l'armonia.

* L'energia del quarzo rosa è tra le più rilassanti e favorisce l'empatia, la riconciliazione e il perdono degli altri.

E' in grado di ridurre lo stress e la tensione nel cuore, eliminare la rabbia, la gelosia e il risentimento negli altri, alleviando dai problemi cardiaci e di disagio connessi alla detenzione di tali emozioni negative in noi.

* Il quarzo rosa può essere utilizzato anche per bilanciare tutti i chakra e per rimuovere l'energia non armonica e sostituirla con energia d'amore. E' capace di allineare da solo i corpi mentale, emozionale e astrale, ecco perché è sempre utile portare con se delle pietre o indossare qualche monile.

Un modo rapido di beneficiare delle virtù sensuali e amorevoli del quarzo rosa è quello di bere un elisir di acqua di sorgente con l'essenza della pietra.
Inoltre per promuovere un ambiente calmo e armonioso dove viviamo, è molto indicato avere almeno un pezzo o diversi pezzi sparsi in luoghi strategici, come scrivanie, comodini o mensole.

90

Quarzo Rutilato

Il quarzo rutilato è un tipo di quarzo che presenta all'interno del rutilo (biossido di titanio) in forma aghiforme.

Gli aghi di rutilo possono essere rossastri, o possono essere d'oro, d'argento, o in occasioni molto rare, di colore verdastro. Le inclusioni del quarzo rutilato sono chiamate fin dal medioevo, capelli di Venere, e da quel periodo nasce la credenza che la pietra possa rallentare il processo di invecchiamento.

- Il quarzo rutilato è una pietra che ha sia l'energia della vibrazione energetica del quarzo ialino, sia il potere di amplificazione del rutilo, che la rende molto utile se abbinata ad altre pietre, in particolar modo la labradorite, il quarzo citrino e la calcopirite.

Le proprietà del quarzo rutilato lo rendono un illuminatore per l'anima, una pietra per promuovere la crescita spirituale. La pietra è nota per essere una pietra energizzante che aiuta a ottenere e rilasciare energia a tutti i livelli.

- Si dice che possa anche alleviare la solitudine imposta e alleviare i sensi di colpa generati dagli altri, rendendo così possibile la felicità.
- Può aumentare la propria autonomia e autostima infondendo la capacità di trovare la propria strada.
- E' una pietra utile per i disturbi alimentari, e l'assorbimento dei nutrienti dal cibo, la rigenerazione dei tessuti, la stanchezza, e la depressione.
- Viene usato per la meditazione, nelle comunicazioni spirituali, e il lavoro sui sogni lucidi. Pietra particolarmente idonea per la ricerca di maggiori esperienze spirituali e la meditazione sulle energie femminili.

Quarzo Tormalinato

Il quarzo tormalinato si forma attraverso la combinazione di tormalina e quarzo ialino (o cristallo di rocca) a temperature e pressioni molto elevate, quando entrambi i minerali sono in uno stato liquido e quindi in grado di miscelarsi tra loro.

Il quarzo tormalinato viene comunemente usato nei rituali come potente simbolo di unità, essendo una pietra di alta energia stabilizzatrice, utilizzata anche per aumentare il potere personale. Proprietà particolare è quella di restituire al mittente particolari energie non armoniche o sinergiche con le proprie.

Questo effetto, con opportune programmazioni, è molto simile a un incantesimo, a un effetto specchio, e consente al campo aurico di essere sempre schermato e protetto da qualsiasi negatività.

* Può essere utile per alleviare lo stress da lavoro, e la tensione nervosa derivante.

* Può anche essere usato per risolvere problemi apparentemente senza soluzioni e ci aiuta a pensare con chiarezza mentale promuovendo un atteggiamento rilassato.

* Il quarzo tormalinato può essere d'aiuto per il trattamento di disturbi del tratto digestivo e per disintossicare il corpo intero; può essere utilizzato come aiuto per coloro che stanno cercando di disintossicarsi e purificare i loro corpi dopo l'abuso di sostanze o per coloro che stanno cercando di migliorare la propria dieta o alimentazione.

Il quarzo tormalinato è particolarmente efficace sui chakra secondari delle mani e dei piedi, e lavora molto bene e in sinergia con le proprietà della charoite, dell'ossidiana, del jaietto e del citrino.

Rodocrosite

La rodocrosite è nota anche con il nome di Inca Rose Stone, ed è un ottimo conduttore di energia; in tutti i popoli indios del Sud America, questa pietra è un simbolo di protezione divina che ha più valore dell'oro.

La rodocrosite ha una qualità molto tonificante per il cuore e la pelle ma risulta essere una delle pietre più importanti del chakra del plesso solare, in quanto riesce a smuovere l'energia stagnante consentendo la comunicazione fisica ed emotiva.

E' di un color rosa intenso con sfumature rosse; raramente sono stati rinvenuti cristalli trasparenti, simili alla tormalina rosa, di un color rosso lampone.

- La varietà più scura ha una buona azione sul 1° chakra: va, dunque, poggiata posteriormente, alla base della spina dorsale e da lì le vibrazioni raggiungeranno reni e pancreas.

- La rodocrosite chiara ha azione sul 4° chakra e si è rivelata di grande aiuto per coloro che subiscono personalità molto forti, dipendendone al punto da subire totalmente la volontà altrui. E', quindi, una delle pietre più utili per alleviare e superare tutte le forme di abuso e di trauma emotivo.

Dal lato fisico, aiuta milza, reni e cuore, la ghiandola pituitaria e la circolazione del sangue; favorisce la salute degli occhi. L'alto contenuto di manganese la rende un buon tonico generale dell'organismo. Rafforza il sistema immunitario, agisce positivamente sull'attività delle ovaie e dei testicoli, combatte sterilità ed impotenza, attenua i disturbi tipici della menopausa e del climaterio.

Per avere un bagno calmante, aggiungete un pezzo di rodocrosite all'acqua della vasca o portate addosso la pietra durante il bagno.

Rodonite

La rodonite è gemma che dona fiducia in se stessi partendo dalla fiducia nel proprio cuore, incoraggiando la responsabilità, la generosità e la cooperazione tra gli individui e la comunità.

- Conferisce potenzialità di apprendimento veloce e sviluppo personale, aiutando a esprimere fiducia e amorevolezza sul piano fisico giorno per giorno con coloro che ci circondano, infondendo sempre calma e nutrendo costantemente l'anima attraverso il cuore e l'amore.

La rodonite incoraggia le persone a trovare il modo di essere al servizio dell'umanità e contribuisce a disegnare sincronicità in questo obiettivo. Può migliorare il potere in chi ha veramente intenzioni altruistiche.

- Ottima pietra per la disintossicazione e la depurazione del fegato, per il sistema nervoso e per ridurre il gonfiore e l'infiammazione degli occhi.

- Trova un ottimo impiego se associata ad attività come musicisti, operatori di pace, operatori di luce, e per coloro che lavorano nel settore dei servizi agli altri, visto la sua enorme potenzialità di mantenere l'armonia e il ritmo.

- La rodonite è una pietra che trova empatia nel lavorare con la prehnite, il quarzo rosa e la galena.

Rubino

Il rubino è da sempre una pietra legata alla nobiltà, tanto da essere considerata la più magnificente di tutte le gemme; gli antichi credevano fosse più prezioso rispetto agli altri minerali, ancor più del diamante.

Venerato in più culture attraverso la storia, il rubino è sempre stato visto come un talismano di passione, protezione e prosperità; simboleggia il sole e il suo colore brillante è simile a una fiamma inestinguibile.

Questo bellissimo cristallo emana un raggio rosso puro, con una vitalità senza eguali nel regno minerale.

* Stimola attivamente il chakra di base, o primo chakra, aumentando la vitalità e il "chi", l'energia della forza vitale, in tutto l'organismo e nello spirito.

* Favorisce chiarezza mentale, concentrazione e motivazione e dona un senso di potere a chi lo indossa, con un'autostima e una determinazione che fanno superare la timidezza e spingono a osare.

Il minerale incoraggia il piacere sensuale, stimola il cuore e migliora la circolazione sanguigna.

* Aumentando proprio il desiderio sessuale, può essere utilizzato per attivare la Kundalini. È sempre stato associato all'amore appassionato e, in antichità, veniva considerato una pietra adatta alle nozze.

Il rubino è un corindone rosso, un minerale di ossido di alluminio a inclusioni di cromo, responsabile del suo colore acceso. La tonalità varia a seconda di dove viene estratto e può mostrare sfumature rosate, arancioni, viola o anche color vinaccio.

Tutti i rubini naturali hanno delle imperfezioni al loro interno, comprese delle impurità di colore e delle inclusioni di aghi di Rutilio, che danno origine all'effetto "seta brillante".

95

- La varietà del rubino stellato ha le stesse proprietà metafisiche del rubino, ma con una maggiore forza di guarigione e di energie magiche; è più potente con la luna piena. E' estremamente efficace nei casi di persone autolesioniste, con problemi erotici e con traumi di natura sessuale.

Indossare un rubino, o portarlo con sé, aiuta a superare stanchezza e letargia. Stimola la circolazione, per rigenerare vitalità ed energia dell'organismo. Coloro che sono molto nervosi o irritabili, tuttavia, potrebbero trovare questa pietra iperstimolante, vedendo così aumentata la loro iperattività.

- Considerato un minerale legato al sangue, rafforza il cuore, il miocardio, i ventricoli e le coronarie, stimolando la circolazione sanguigna. Inoltre regola il ciclo mestruale e allevia i fastidi connessi. Ancora, è indicato per disintossicare corpo, sangue e linfa, aiuta quindi a combattere febbre e infezioni.

Stimola i reni e la milza e contrasta i gonfiori a livello di gambe e piedi. Può aiutare anche nella regolazione del peso quando questo aumenta per fame nervosa. Il rubino è afrodisiaco e permette di sperimentare tutte le forme di amore, che vanno dalla sensualità selvaggia alla comunione mistica.

- L'intensa energia del rubino acuisce la mente, portando una maggiore consapevolezza e un'ottima concentrazione.
- Favorisce un atteggiamento coraggioso e può aumentare il proprio successo durante discussioni per polemiche o controversie.
- Protegge anche quelle nature sensibili che mancano di autostima, facendo superare il timore di non essere belli o amabili.

Si purifica e si ricarica su una drusa di cristallo di rocca. Meglio evitare, invece, la luce diretta del sole, che potrebbe scolorirlo.

96

Selenite

La selenite contiene molta energia femminile ed è spesso usata per connettersi e comunicare con il Divino; in passato era spesso usata come bacchetta magica per facilitare il trasporto delle proprie intenzioni per il Sé Superiore o l'Universo. La selenite è la pietra della tranquillità, dona una vibrazione molto alta, ed è capace di infondere chiarezza mentale e un profondo senso di pace interiore, fornendo la flessibilità alla nostra natura e forza per le nostre decisioni importanti.

- E' un pietra che ben si accompagna a un lavoro spirituale intenso, specie in meditazione, oltre a essere un potente cristallo di comunicazione psichica.
- Può essere di aiuto nella comunicazione al passato con antenati e spiriti guida.
- La selenite ha, inoltre, la proprietà meravigliosa di poter purificare e pulire energeticamente gli altri cristalli da energie pesanti.
- Può aiutare a livello cellulare, la spina dorsale e il sistema scheletrico, è usata per migliorare il tono della pelle e la capacità del corpo di assorbire il calcio.

Antiche credenze popolari, ma comuni su tutto il nostro pianeta, hanno enfatizzato l'uso della selenite anche per aumentare la libido. Le proprietà della selenite sono spesso usate nella magia per evocare la protezione dal regno dei morti e per dissipare anche energia negativa negli ambienti.
Ottima si rivela in esoterismo se usata su apposite griglie, oppure intorno alla casa o negli angoli di una stanza (insieme al sale, ma senza toccarsi), per creare uno spazio sicuro e tranquillo.

Serafinite

Il nome serafinite viene dalla parola latina "Serafino", riferendosi al primo ordine di Angeli. L'allusione agli Angeli è dovuto alla mica presente nella pietra che richiama l'aspetto piumoso delle ali degli Angeli.
La serafinite è molto ricercata nel mondo della metafisica e della raccolta di minerali.
Può essere usata per pulire e purificare lo spazio a noi vicino.
Particolare nel lavoro sui chakra dato che ha la possibilità di allineare e bilanciarli tutti.

- Ottima per la pulizia dell'Aura.
- La serafinite è pietra terrena ed eterea allo stesso tempo e ci permette di ottenere messaggi divini più comprensibili e di percepire l'amore incondizionato degli Esseri di Luce.
- Ci può suggerire la conoscenza e la comprensione che i misteri nascosti possono essere conosciuti.

Serpentino

Si tratta di una pietra considerata importante e magica per gli Assiri, già nel 4000 a.c. era usato e conosciuto come Za-tu-mush-gir. Il serpentino è la pietra da cui è stato ricavato la tavola del capitolo 30 del Libro dei Morti egiziano.

Gli Aztechi apprezzano tutte le pietre verdi e il serpentino era usato per abbellire l'interno dei loro templi, come pure in Cina e in India dove è spesso incorporato in altari, sculture e decorazioni del tempio.

Il serpentino è anche presente sulla corazza di Aronne, fratello di Mosè, nell'Esodo (c'erano 12 pietre sulla corazza e rappresentavano le 12 tribù).

- E' una potente pietra di protezione e può essere utilizzato per eliminare blocchi energetici in tutti i chakra ma soprattutto per aiutare a rigenerare e a rinforzare il chakra del cuore. Infatti, il serpentino è una pietra di guarigione energeticamente potente che aiuta la compensazione delle aree bloccate, portando i chakra di nuovo in equilibrio.
- Ottima è la sinergia con la giada, il crisoprasio e la serafinite.

Portare il serpentino con sé ci aiuterà a rilassare la propria natura umana, oltre anche a essere una pietra eccellente per la meditazione. E' utile per coloro che si dedicano e aiutano gli altri ad accedere all'energia primaria del nostro pianeta e per guarire la terra. Il serpentino può essere usato per l'ascesa della Kundalini: stimola il percorso naturale verso l'alto e può diminuire il disagio che a volte è associato alle pratiche energetiche della Kundalini.

Shiva Lingam

Lo Shiva Lingam, che è una miscela di agata, basalto e diaspro in quarzo, è considerato un simbolo devozionale del Dio Shiva. La forma a uovo è considerato un simbolo fallico di Shiva, il famoso dio Indù; la leggenda dice che il composto dello Shiva Lingam proviene da un meteorite che si è infranto sulla terra milioni di anni fa; le correnti del fiume Narmada hanno contribuito a forgiare la pietra a forma di uovo.

* Lo shiva lingam rappresenta sia la forza maschile (la Conoscenza), sia la forza femminile (la Saggezza), così come l'Uovo Cosmico da cui è emersa tutta la creazione.
* Lo shiva lingam è per alimentare l'intero sistema dei chakra, aumentare la forza e potenziare la vitalità, stimola l'energia kundalini portando un cambiamento positivo e aiutando la nostra crescita personale.
* E' un potente simbolo d'amore: esso apre il nostro cammino verso il vero amore che porta all'unità.

La pietra è in grado di equilibrare tutte le energie del corpo fisico, per i problemi di infertilità e impotenza (specie maschile), ed è riconosciuta come una ottima pietra per il radicamento. Possiede una capacità suprema di amplificare la forza vitale (Ki) e il potere vibrazionale di altre pietre o cristalli, ed è una pietra che non necessita di ricarica o pulizia. Insieme alla moldavite, può portare grande trasformazione e protezione nella nostra vita, incoraggiando sia il liberarsi da vecchi schemi, sia l'assecondare nuove idee e cambiamenti.

Shungite

La Shungite si trova solo in Russia, a Karelia, nella zona del Lago Onega; gli scienziati stimano l'età della Shungite intorno ai 2 miliardi di anni, quando non c'erano forme di vita sulla Terra. E il fatto che la Shungite contiene molecole di fullerene (atomi di carbonio elementari disposti in un contesto molecolare unico in natura) che sono presenti in quantità molto minute in natura, e come si trovano presenti nel minerale rimane ancora un mistero. La Shungite è chiamata la "Pietra della Vita" grazie alla sue proprietà antibatteriche.

* E' anche considerata per le sue proprietà di eliminare e assorbire tutto quello che è un pericolo sulle persone e gli esseri viventi, e di concentrazione e di ripristino per tutto ciò che è utile per un essere umano, e anche per schermare la radiazione elettromagnetica nociva di qualsiasi origine, anche radioattiva.

* Questa roccia insolita possiede una profonda azione positiva, ed è pietra di ringiovanimento.

* La Shungite aiuterà le persone ad adattarsi alle nuove frequenze presenti sulla terra, permettendo a molti il loro ascendere verso i regni superiori dell'esistenza.

Le proprietà antibatteriche della Shungite la rendono una pietra di potere e di guarigione, altamente efficace per il radicamento a terra e utile per calmare le emozioni e ridurre sbalzi di umore.
La pietra mantiene la giovinezza e la bellezza della pelle e rende i capelli più forti, aggiungendo brillantezza e setosità.
Oggi viene utilizzata in tutto il mondo da geobiologi per bilanciare geopatie e dissipare l'energia emotiva.

Smeraldo

Le pietre di smeraldo sono tra le più apprezzate: l'energia di colore verde, che vibra con il chakra del cuore, rende il minerale la pietra del successo e dell'abbondanza.

- Per incentivare l'allontanamento della negatività, la tradizione vuole che i cristalli di smeraldo naturale siano in grado di stimolare azioni e risultati positivi, fornendo la forza per superare eventuali problemi della vita.

Il colore verde chiaro è presente in natura nell'erba, nelle piante e negli alberi, che emanano proprio l'energia poc'anzi citata; la forza della natura è sempre racchiusa nei minerali di colore verde, esattamente come nel caso dello smeraldo.
Questa pietra, inoltre, ha molte eccellenti qualità ed è solitamente collegata ai nati nel mese di maggio.
Gli smeraldi sono una varietà del berillo: molto popolari per i gioielli, provengono per lo più da India, Russia, Zimbabwe, Africa, Egitto, Austria, Brasile e Colombia. Il raggio verde di queste splendide pietre incoraggia ad avere rispetto per tutte le forme di vita e per tutta la creazione, vivendo con più amore.

- Tutte gli esemplari di smeraldo emettono questa energia e hanno un forte effetto sulle emozioni più profonde.

I sentimenti come la compassione, la speranza, la lealtà, la rassicurazione, la gentilezza, la benevolenza, la bontà e l'amore incondizionato sono connessi a una forma di amore cosmico e spirituale, che abbraccia ogni essere vivente. Per chi crede nel potenziale delle pietre e nella cristalloterapia, tutte le persone sono "Esseri Divini in un corpo fisico". Eppure molti avvertono dei blocchi nel vivere un'esistenza piena e caratterizzata dall'amore.
Lo stress porta a rimuginare ogni giorno sulle proprie sventure; meditare con lo smeraldo può aiutare a migliorarsi, riscoprendosi pieni di amore per se stessi e per gli altri.

Inoltre, queste pietre possono placare delle emozioni negative e creare vibrazioni positive, per aiutarci a infrangere gli ostacoli psicologici che fermano i potenziali energetici.

- L'utilizzo dello smeraldo avviene anche per alleviare lo stress, migliorare la memoria e facilitare la comprensione. Inoltre, può stimolare l'abbondanza economica. Una nuova prosperità a tutti i livelli può essere il risultato naturale dell'accompagnarsi con lo smeraldo e la sua energia.

Portare uno smeraldo in tasca durante il giorno, e tenerlo sotto il cuscino di notte, può già essere molto utile, senza contare che i gioielli con pietre o gemme di smeraldo sono tutti molto belli ed eleganti. Più tempo si mantiene lo smeraldo nella propria aura, maggiori benefici può produrre all'interno di chi lo indossa.

- È possibile combinare lo smeraldo con altre varietà di berillo, come l'acquamarinae la goshenite.

Inoltre:

- L'iddenite verde pallido ha una forte energia che ben si combina con lo smeraldo per aiutare la guarigione emotiva. A questo scopo, altre pietre che possono essere abbinate sono apofillite verde, lo rodocrosite rosa, la rodonite e la lepidolite lilla.

- Tra le pietre che si possono utilizzare con lo smeraldo, vi sono le altre che vibrano con il chakra del cuore, come il dioptasio, l'avventurina verde, l'ametista verde, la variscite e la moldavite. Ancora, la kunzite rosa, il quarzo rosa e la morganite rosa dello stesso colore.

Sodalite

La sodalite fu originariamente scoperta in Groenlandia nel 1811 e deve il suo nome per via dell' alto contenuto di sodio presente in essa.

- Conosciuta come la pietra della logica, della razionalità e dell'efficienza, la sodalite è una pietra della profonda verità e porta questa in tutti gli aspetti della vita.

La sodalite sa lavorare con i Chakra della gola e del terzo occhio, combinando queste energie in modo tale da promuovere il pensiero razionale, gli scopi, la compagnia, e la fiducia negli altri, generando un generale benessere ispirato dalla verità, dall'idealismo e dall'obiettività.

- Le proprietà della sodalite la rendono, quindi, un'ottima pietra meditativa che apre la nostra consapevolezza spirituale, combinando la nostra logica con la nostra intuizione.

- La sodalite può ridurre la pressione arteriosa alta, è inoltre associata con la tiroide, donando un effetto calmante e regolarizzante sulla ghiandola, sul sistema neuro-vegetativo e su tutte le funzioni ghiandolari.

Con il bilanciamento del sistema endocrino, rafforza anche il metabolismo. Favorisce il sonno riposante, è utile anche per le corde vocali, la laringe, la raucedine e la gola.
Può essere utilizzata in lavori di gruppo in cui è necessaria la cooperazione e la fiducia reciproca.

- La sodalite è una pietra ottima per alleviare le nostre paure, fobie e sensi di colpa indotti da altri, e risulta appropriata per qualunque cosa che può ostacolare la nostra crescita sana.

Se si lavora in gruppo, questa pietra cementa e coordina azioni e obiettivi del team stesso. Sviluppare infatti l'armonia, la fiducia e la forza di volontà, migliorando la condivisione dei programmi e degli obiettivi da conseguire. La sodalite è poi una pietra eccellente per la comunicazione: tale azione è forte soprattutto a livello del chakra della gola. Incentiva il pensiero razionale e intuitivo, a comunicare verbalmente i propri pensieri in modo calmo e rilassato, mantenendo una buona chiarezza dei concetti che si vogliono esprimere. Per accentuare la sensazione di lucidità mentale, si può combinare con la calcite color miele.

• Se si deve parlare in pubblico, la pietra favorisce calma ed equilibrio, accrescendo l'autostima e allontanando gli attacchi di panico. Proprio perché agisce soprattutto a livello del chakra del terzo occhio e della gola, è importante indossarla sotto forma di orecchini o collane, in modo da mantenere la sua influenza in queste zone.

Sugillite

La sugillite deve il suo nome al geologo giapponese che ne ha scoperto i primi esemplari, Ken-ichi Sugi.

- E' una pietra particolare, considerata una delle pietre dell'amore e per il quarto chakra tra le più importanti.

- Rappresenta l'amore spirituale e la saggezza, ed è capace di allineare tutti i chakra consentendo di aprire e dirigere l'energia della Kundalini in tutto il corpo.

Indossando o portando con sé la Sugilite si incrementa la ricerca della libertà, traendone ispirazione e fiducia. Ottima per i disturbi motori e l'epilessia.

La sugillite è una pietra ampiamente utilizzata per richiamare visioni e per stimolare il nostro terzo occhio, permettendo l'esperienza visionaria e percezioni superiori.

- E' una pietra che favorisce il riposo e la calma interiore.

- Ci porta a equilibrare la funzione del cervello sinistro e aiuta chiunque a integrarsi nel mondo o in un nuovo ambiente.

- Assieme all'ametista, amplifica il potere di protezione della nostra aura.

Tigre di Ferro

La Tigre di Ferro è una gemma composta da diaspro rosso, ematite e occhio di tigre che si fusero insieme oltre due miliardi di anni, quando le placche tettoniche si sono spostate per creare il continente australiano.

- Incarna letteralmente la crescita e l'evoluzione della Madre Terra. Le proprietà della tigre di ferro sono di enorme radicamento e di potente protezione, in particolare la tutela dai pericoli improvvisi.

La tigre di ferro è anche una forte pietra di chiarezza e di conoscenza personale, in quanto rende energia disponibile e accessibile per permettere di vedere la verità sotto la superficie di problemi apparenti.

- E' di grande aiuto e supporto nel bilanciamento dei tre chakra inferiori: li collega permettendo di esprimere la passione e l'immaginazione, aiutando anche negli sforzi creativi e tutti i tipi di capacità artistiche e visuali.

- La tigre di ferro ha la capacità di aumentare notevolmente la fiducia in se stessi e portare soddisfazione, conforto emotivo e migliorare la capacità artistica e talento, se innati.

- Le sue proprietà possono migliorare la resistenza ed è particolarmente utile per le persone la cui vita quotidiana richiede un eccessivo sforzo fisico.

Calmante per l'integrità emotiva e la centratura del sé, la tigre di ferro si dice possa bilanciare i globuli bianchi e rossi, migliorare la struttura muscolare, aiutare il fegato e il sistema nervoso. Può aiutare coloro che hanno un forte sensibilità chimica o al rumore.

Topazio

Il topazio è un cristallo legato alla verità e alla capacità di perdonare. È simbolo di castità, felicità, amicizia vera e speranza. Aiuta chi lo indossa a trovare il proprio scopo nella vita, a essere più consapevole dei propri pensieri, sentimenti e azioni e, non ultimo, dei loro effetti karmici. In questo modo, il topazio è in grado di attivare la nostra consapevolezza cosmica.

* Rimuovendo le energie stagnanti, dirige la forza del corpo in quei luoghi in cui più è necessario e aiuta a rilasciare la tensione, promuovendo sentimenti di gioia e di felicità. Le capacità di guarigione del minerale sono correlate al rinnovamento fisico e spirituale.

Il topazio nella sua forma più pura è trasparente, ma raramente in questa modalità è disponibile in natura. Le impurità presenti all'interno del reticolo cristallino sono responsabili delle diverse colorazioni della pietra.
I cristalli di topazio sono in genere gialli, ma possono essere anche bianchi, grigi, dorati, verdi, blu, rosa, bruni, trasparenti o semitrasparenti. Quando irradiato, il topazio può passare da tonalità chiare fino a colori più scuri e intensi.
La varietà di topazio giallo oro è conosciuta come topazio imperiale, mentre quello trasparente è normalmente chiamato topazio bianco.

* Il topazio è una delle dodici pietre del pettorale degli antichi sommi sacerdoti ebraici, così come menzionato nel libro dell'Esodo.

* Si ritiene che le pietre del pettorale, insieme a 12 potenti angeli, proteggano la porta dei Cieli.

* La pietra aiuta a mantenere un punto di vista pratico nell'affrontare la vita, puntando alle soluzioni più efficaci per qualsiasi problema o situazione, senza perdere tempo. Il cristallo può essere indicato anche nella meditazione quotidiana e nella visualizzazione.

- Può aprire le porte verso l'energia universale e donare coraggio, volontà e forza di apportare le modifiche necessarie alla propria esistenza.

Il cristallo di topazio, soprattutto se di elevata purezza e trasparenza, è un vettore di energia solare e maschile: per questo può aprire e bilanciare un certo numero di chakra. Potente per rafforzare tutto il corpo, riequilibra, lenisce e purifica emozioni e pensieri, rilasciando lo stress e apportando gioia. Dal punto di vista spirituale, questa pietra regala amore e pace.

- Come elemento di guarigione, favorisce il ringiovanimento e migliora problemi endocrini o legati ad asma e trombosi.

Topazio Imperiale

Il topazio di color giallo dorato intenso, come già accennato, è chiamato "topazio imperiale". Per la comunità Indù, indossare questo minerale vicino al cuore dona lunga vita, bellezza e intelligenza. Gli antichi Egizi credevano che il topazio giallo proteggesse da tutte le negatività, associando il colore giallo al dio del sole Ra. Allo stesso modo, i Romani collegavano il minerale sempre al sole. Gli antichi Greci vi facevano ricorso quando avevano bisogno di ripristinare la loro forza e per garantirsi protezione: erano, infatti, convinti potesse avvicinare alle divinità.

• Si ritiene che il cristallo sia estremamente energizzante, essendo una pietra calda. Promuove la creatività, e apporta senso di fiducia e di protezione. Libera da energia stantie e negative, dalla fatica e dalla tensione.

Alcuni credono che il topazio imperiale, infine, sia utile per prevenire furti incendi.
Non ultimo, sarebbe efficace in caso di insonnia, depressione e attacchi di panico, poiché conferisce un atteggiamento positivo e ottimista.

• Infine, rafforza il flusso di energia, protegge il cuore, migliora la circolazione sanguigna, allevia il dolore da artrite reumatoide, protegge reni, fegato e ghiandole endocrine.

Tormalina Nera

Il nome della tormalina deriva dalla parola cingalese "Thuramali" o "Thoramalli" che si traduce come " pietra di colori misti". Metafisicamente, la tormalina (ce ne sono di vari colori) è una delle pietre più potenti con cui lavorare.

- La tormalina fornisce un bilanciamento delle energie maschili/femminili all'interno del nostro corpo, ed è eccellente per equilibrare gli emisferi del cervello.

- E' un potente regolatore vibrazionale che aiuta a mantenere, stimolare e purificare i nostri centri energetici del corpo.

È assai noto come la tormalina sia una pietra di purificazione che ha il potere di deviare e trasformare l'energia negativa, (specie quella generata da campi elettrici e magnetici e radiazioni), ed è, quindi, molto protettiva e ampiamente usata come pietra di radicamento.

- La tormalina è in grado di migliorare la propria consapevolezza, aumentare l'autostima e amplificare le proprie energie psichiche.

Ottima per la concentrazione e comunicazione, ma anche utile nel rilassare il corpo fisico e la mente affollata da troppi pensieri.

- E' anche usata come purificatrice per la nostra aura, ed è un'eccellente pietra per dissipare le paure, le ossessioni e le nevrosi, portando freschezza e stabilità emotiva.

- La tormalina è particolarmente indicata nei periodi di stress estremo, ed è il cristallo che non deve assolutamente mancare a chi lavora con la cristalloterapia e per chi sta, per motivi lavorativi, molto in contatto, anche fisico, con altre persone.

111

Turchese

Il turchese è utilizzato da migliaia di anni, tanto da essere una delle pietre più antiche per fabbricare gioielli; in cristalloterapia presenta notevoli proprietà metafisiche collegate all'elemento "etere". L'energia naturale di queste pietre aiuta a comunicare la verità, in quanto il turchese aumenta la forza spirituale e la capacità di esprimersi. Non a caso, vibra molto con il chakra della gola e può aiutare a manifestare capacità chiaroveggenti, oltre che a bilanciare l'aspetto maschile e quello femminile.

- Oltre che vibrare con il chakra della gola, il turchese vibra anche con il chakra del terzo occhio, che consente di accedere a una maggiore consapevolezza di sé: questo può essere utile se si ha intenzione di lavorare sulla propria sfera psichica per comunicare meglio ciò che si sente spiritualmente.

Generalmente il turchese proviene da Australia, Iran, Afghanistan, Tibet e parte sud occidentale degli Stati Uniti; può essere trovato anche in Francia, Gran Bretagna, Russia, Polonia, Egitto, Cina, Perù e Messico.

- Il minerale è un fosfato idrato di alluminio e rame, il suo colore più diffuso è il blu. Tuttavia, la pietra esiste anche in altre varianti, come verde, bianco e viola. In genere le pietre di turchese sono blu quando è presente anche il rame, mentre sono verdi quando vi sono elementi di ferro.
- Quando nessuno di questi minerali è presente, si hanno rarissime forme di turchese bianco.

Questa pietra risuona soprattutto con il chakra della gola, aiutando a comunicare la verità, con saggezza e sincerità assoluta. Se si è timidi, il turchese può aiutare a lanciarsi maggiormente nelle conversazioni, quindi, a essere più sicuri di sé quando si parla, oltre che a sviluppare una certa calma e tranquillità per le interazioni in pubblico.

Il minerale vibra con forza anche con il chakra del cuore: questo aumenta l'empatia, rende più compassionevoli e facilita il perdono. Garantisce, dunque, che l'energia fluisca attraverso l'amore per il mondo.

- Essendo una pietra dal forte valore spirituale, è molto utile per la stress, oltre che a prevenire sbalzi d'umore.

- È conosciuta fin dall'antichità per essere una pietra protettiva, per cui ci si può rilassare durante la meditazione con il turchese, poiché fungerà da scudo a qualsiasi negatività. Inoltre, la sua vibrazione può aiutare nelle forme meditative che sono volte all'esplorazione delle vite passate.

- Ancora, può stimolare le energie anche lavorando con il chakra sacrale e con il chakra dell'ombelico: in questo modo migliora la creatività e la capacità di risolvere i problemi.

Alla luce di tutto ciò, indossare gli orecchini fatti con il turchese è utile se si sta lavorando sullo sviluppo dei propri poteri psichici, facendo risuonare la pietra stessa con il chakra del terzo occhio e della gola. Invece, se si vuole sviluppare una maggiore empatia e una più forte capacità di amare, o ancora se ci si vuole sentire più protetti dalle negatività, una collana tiene il minerale più vicino al chakra del cuore. 1

Turchesite

La pietra turchesite non è il turchese vero e proprio ma la sua polvere o pasta di turchese.

La leggenda vuole che se indossata porti protezione contro i fulmini, e in oriente si crede che guardare la turchesite al mattino presto renda la giornata piacevole e senza imprevisti.

- La turchesite è una pietra di purificazione, dissipa energia negativa e può essere indossata per la protezione contro influenze esterne o da sostanze inquinanti in atmosfera. E' capace di stabilizzare sbalzi di umore e di infondere calma interiore.

Aiuta l'assorbimento di sostanze nutritive, rafforza il sistema immunitario, contiene gli effetti anti-infiammatori e disintossicanti e le infezioni virali.

Come pietra di comunicazione, la turchesite apre le connessioni benevole tra l'amicizia e l'amore, permettendo maggiore chiarezza e comprensione tra i due sentimenti.

Permette inoltre di rafforzare le proprie convinzioni, il coraggio e il carisma personale.

- La notorietà della turchesite è dovuta alle sue proprietà ampiamente utilizzate nel trattamento della depressione, promuovendo le forze interiori possedute per uscire dalla crisi.
- E' anche una buona pietra per l'auto-realizzazione e per le meditazioni profonde.
- Se usata per la cristalloterapia, è opportuno scaricarla e caricarla una volta al mese, e amplifica le sue proprietà se abbinata all'ematite e al cristallo di rocca.
- Da non esporre alla forte luce del sole.

Unakite

La pietra unakite prende il nome dalla parola greca "epidosis" che significa "crescere insieme". Questo nome è dovuto al fatto che la unakite è il risultato di tre minerali assieme: feldspato, epidoto e quarzo, ed è proprio attraverso questi materiali uniti insieme che la unakite ci trasmette il suo particolare messaggio. Si tratta di una pietra che bilancia i nostri corpi emozionali e spirituali, fornendoci un rilascio estremamente dolce dei nostri blocchi energetici ancorati nel plesso solare.

* Mantiene elevato il nostro spirito quando ci si sente giù di morale o facilmente condizionabili, non facendoci mai perdere di vista la bellezza della vita.

* E' utile per il sistema riproduttivo, per le gravidanze sane e per lo sviluppo sano e armonico dei bambini non ancora nati.

* Utilizzata anche durante il recupero da traumi importanti, ci aiuta spronando il nostro corpo a ricordare lo stato di salute perfetta.

* Portarla con sé ci aiuterà a mantenere un sano equilibrio tra la vita spirituale e quella mondana, permettendo loro la comunicabilità al fine di aiutarci a creare la vita di cui abbiamo bisogno.

Ottimo l'abbinamento con la pietra di luna, la unakite aiuta a tenere ben saldo, attraverso il chakra del cuore, il collegamento tra i chakra inferiori e i chakra superiori.

Zaffiro

Lo zaffiro, in tutte le sue sfumature celesti, è una pietra di saggezza, regalità, profezia e favore divino.

Il suo colore blu porta ordine e guarigione per la mente, donando forza e attenzione, oltre che la capacità di vedere oltre le apparenze superficiali, utilizzando una conoscenza più approfondita.

- Stimola il chakra della gola e quello del terzo occhio, permettendo di accedere a livelli più profondi di coscienza al fine di ottenere una maggiore comprensione di sé.

Associato al pianeta Saturno, in cristalloterapia migliora l'autodisciplina e aiuta a materializzare gli obiettivi che ci si è prefissati. Il minerale è una varietà di corindone, ovvero un ossido di alluminio.
Il blu è considerato il principale colore dello zaffiro, anche se in realtà si può trovare in molte altre tonalità. Si pensa che gli attuali lapislazzuli in passato venissero proprio indicati come zaffiri. Tuttavia, tutti gli zaffiri sono pietre di saggezza, i singoli colori ne aggiungono diverse sfumature.

- **Zaffiro nero**: porta ad avere fiducia nel proprio intuito e nella propria saggezza. Protegge, allevia ansia e dolore ed è un talismano utile quando si sta cercando lavoro.
- **Zaffiro verde**: porta saggezza, fedeltà e integrità. Incoraggia la compassione per gli altri, migliora il ricordo dei sogni.
- **Zaffiro arancione** o Padparadscha: stimola la voglia di parlare al mondo direttamente dal proprio cuore. Unisce creatività e spiritualità: non a caso è un talismano utile agli artisti, agli scrittori e ai cantanti.
- **Zaffiro rosa**: alimenta la saggezza della resilienza. Stimola le emozioni e favorisce l'amore, il perdono e il

dimenticare il passato. Aumenta l'accettazione e la forza dei sentimenti.

- **Zaffiro violetto**: rafforza la saggezza del risveglio spirituale. Stimola la meditazione, vibra con il chakra della corona e permette alla Kundalini di salire senza ostacoli. Favorisce unione e pace.
- **Zaffiro bianco**: porta saggezza e forza d'animo, aiutando a trovare dentro di sé la soluzione migliore per superare i difficili ostacoli che si incontrano nel proprio cammino spirituale. Conferisce alla mente una grande chiarezza e migliora la comunicazione con il Sé superiore.
- **Zaffiro giallo**: porta saggezza e prosperità.
- **Zaffiro blu**: è utilissimo per crescere dal punto di vista spirituale e per aumentare l'autodisciplina, soprattutto nelle attività quotidiane che richiedono attenzione. Inoltre, dona molto supporto professionale, stimola l'ingegno e la saggezza e aumenta il buon senso nello svolgere la propria professione. È una pietra simbolo di integrità, per cui è molto efficace per la risoluzione rapida e positiva di questioni giuridiche o in qualche modo collegate alla giustizia. Lo zaffiro blu, ancora, è una pietra di amore, impegno e fedeltà, tanto che può essere utilizzato negli anelli di fidanzamento.

Lo zaffiro è eccezionale per calmare la mente, favorendo il rilascio di tensione dovuto a pensieri indesiderati; incoraggia l'intuizione, portando leggerezza, gioia ed equilibrio.

Le Pietre dello Zodiaco

Le corrispondenze che esistono fra uomini e pietre sono state messe in evidenza nei secoli scorsi nei cosiddetti "libri di pietra" (Lithica), fra i quali quello compilato da Teofrasto, filosofo greco, scolaro e successore di Aristotele.
Lo Zodiaco, parola di origine greca, significa "via degli animali", anche se il nostro Zodiaco, a differenza di quello cinese, contiene tre immagini umane: una donna (Vergine), un uomo (Acquario) e due fanciulli (Gemelli).
Esso è formato da dodici costellazioni disposte come un cerchio lungo quella strada celeste percorsa dal Sole nel suo moto apparente intorno alla Terra. Questo corso del Sole è suddiviso nei noti 12 segni.
Nel IV secolo a.c., quando furono gettate le basi della scuola astronomica greca, il Sole attraversava le costellazioni dello zodiaco partendo da quella dell'Ariete dove si trovava durante l'equinozio di primavera, rimanendo circa un mese in ciascuna costellazione. Per effetto della precessione degli equinozi attualmente il sole, il 21 marzo, equinozio di primavera, non si trova più nella costellazione dell'Ariete, ma in quella precedente dei Pesci, poiché negli ultimi 2.300 anni le costellazioni si sono spostate di una costellazione intera verso occidente. Questo processo si ripropone ogni 25.595 anni.
Per conservare, quindi, l'uso dell'antica successione delle costellazioni zodiacali, sono stati introdotti i così detti "segni dello Zodiaco" ai quali sono stati dati gli stessi nomi delle costellazioni zodiacali.
Lo spostamento fra segni e costellazioni andrà sempre aumentando fino a quando non torneranno a coincidere.

118

Lo Zodiaco è anche suddiviso per elementi: fuoco, terra, acqua, aria e alle gemme è stata associata l'influenza planetaria:

- L'ardente Rubino rappresenta l'elemento **fuoco**

Il fuoco attribuisce calore, vitalità, energia, combattività, paternalismo, desiderio di proteggere i deboli ma anche di dominarli, generosità, sani appetiti di ogni genere. Vi appartengono Ariete, Leone, Sagittario.

- Lo Smeraldo rappresenta **la terra** e la sua vegetazione

La terra attribuisce stabilità, razionalità, amore per le tradizioni, desiderio di possessi materiali, bisogno di rapporti essenziali, semplicità di vita, stabilità, continuità, scarsa combattività. Vi appartengono Toro, Vergine, Capricorno.

- Il Diamante rappresenta la purezza dell'**acqua**

L'acqua attribuisce inquietudine psichica, profondità di sentimenti e passioni, profondità di pensiero, riservatezza, attrazione per situazioni complicate, bisogno di mettersi alla prova, creatività, rapporti instabili con le cose e le persone. Vi appartengono Cancro, Scorpione, Pesci.

- L'azzurro Zaffiro rappresenta l'**aria**

L'aria attribuisce intelligenza, creatività, amore per la bellezza, scarso senso della tradizione, indipendenza mentale, ironia, mobilità, inquietudine mentale, capacità di girare pagina, pacifismo. Vi appartengono Gemelli, Bilancia, Acquario.

Inoltre, i segni dello Zodiaco possono essere suddivisi in quattro gruppi caratterizzati da vari periodi mitologici e da corrispondenze psicologiche.
I primi tre gruppi corrispondono alle tre generazioni di dei: Urano, Cronos e Zeus e ai tre livelli di sviluppo della coscienza: l'inconscio, il conscio e il superconscio.

- Il **primo gruppo** comprende Pesci - Ariete - Toro e corrisponde al periodo mitologico di Urano, periodo in cui le energie cosmiche si esprimono, relativamente all'uomo, in maniera istintiva, dando grande spazio all'inconscio, all'impulsività e all'immaginazione. E' un periodo caratterizzato da una proliferazione di forza così incontrollata che, talvolta, finisce con il distruggere anche ciò che genera.

- Il **secondo gruppo**, formato da Gemelli - Cancro - Leone, corrisponde al periodo mitologico di Cronos, figlio di Urano, che mette fine alla prima generazione degli dei rendendo sterile il padre Urano e divorando i propri figli ad eccezione di Zeus, salvato dalla madre mediante un astuto inganno. E' tempo di discernimento e di analisi in cui si avverte il bisogno di una messa a punto: nasce la consapevolezza dell'io.

- Il **terzo gruppo** comprende Vergine - Bilancia - Scorpione e corrisponde al periodo mitologico di Zeus. Questo periodo segna un nuovo inizio organizzato e ordinato. Il regno di Zeus è il regno dello spirito, è il momento in cui l'uomo prende nettamente coscienza di se stesso.

- Il **quarto gruppo** è formato da Sagittario - Capricorno - Acquario.

Ariete

L'Ariete è il primo segno dello zodiaco, noto per la sua personalità ardente ed energica. Le persone nate sotto questo segno sono sincere, passionali, testarde e ottimiste. Spesso sono persone che tendono a guardare prima a se stessi che agli altri e sono protagonisti anche nelle azioni di un gruppo. Un difetto di questo segno zodiacale è che a iniziare è molto bravo, solo che però trova difficoltà a completare le cose, perché si lascia trasportare sempre da nuove idee. Non riesce a dire di no a qualcosa di nuovo in cui buttarsi. Si dimostra però un ottimo leader.

• **Corniola**

Non solo vi aiuterà a fare il pieno di energie, ma anche a curare la vostra (a volte pericolosa) impulsività. Inoltre questa pietra infonde vitalità, ottimismo, allegria e aiuta a eliminare sentimenti negativi come gelosia e invidia, migliorando l'umore. Ai nati di questo segno si addice come pietra complementare l'Ametista.

• **Corallo rosso**

Il corallo rosso non è davvero una pietra ma uno scheletro calcareo. Un simbolo di protezione per eccellenza e, nel caso dei nati sotto il segno dell'Ariete, questo aspetto è ulteriormente rafforzato. Aiuta a tenere lontano il malocchio.
Il corallo rosso in realtà è noto anche per donare energia e prevenire gli squilibri emotivi, in particolar modo quelli che si dirigono verso comportamenti negativi e auto sabotatori.

• **Rubino**

Il rubino per gli Indiani d'America è la pietra portafortuna per eccellenza. Un talismano di passione e di prosperità, dagli antichi considerato più prezioso anche del diamante. È un importante simbolo ed evoca la sessualità ma anche l'amore spirituale.

- **Diaspro Rosso**

Il diaspro dona coraggio e prosperità, e aiuta a ribellarsi dai tentativi di sottomissione da parte degli altri. I nativi americani lo consideravano il Sangue della Terra. Questo quarzo aumenta la resistenza fisica ma anche mentale, grazie a lui si aimpara a esternare i problemi e a chiedere aiuto quando se ne ha bisogno.

- **Corniola**

La corniola è una pietra protettiva contro le energie negative e anche contro le malattie. Insegna a vivere in modo più armonico il rapporto con gli altri. È una pietra molto positiva da regalare a un nascituro perché augura una vita fatta di prosperità e abbondanza.

- **Granato**

Il granato porta la luce anche nelle situazioni più buie. Questa pietra per gli Ariete è perfetta se hanno perso il loro solito ottimismo e la voglia di intraprendere nuove entusiasmanti sfide.

Toro

Governato da Venere, il Toro apprezza le cose belle della vita, specialmente l'amore. E' dotato di un grande senso artistico e non ama lasciare il proprio destino in balia degli eventi. Salvo situazioni di forte sconforto, prende in mano la situazione e da un periodo buio riesce a togliersi dai guai da solo. I nati sotto il segno del Toro sono persone testarde. Prendono posizione e vanno avanti fino a quando non hanno raggiunto la vittoria. Da fuori spesso vengono giudicati come materialisti ma in realtà, non è affatto raro che si struggano per amore. Sono sentimentalisti e molto leali in amore, così come in amicizia. Lottano per ciò che vogliano, sia nella sfera privata sia da un punto di vista lavorativo.

- **Quarzo Rosa**

Il Quarzo Rosa può aiutare questo segno ad aprire il chakra del cuore e a sprigionare una buona dose di romanticismo.
Ma non solo, portare sempre con sé un piccolo quarzo rosa può aiutare a proteggerlo da futuri potenziali heart break.

- **Giada Verde**

La giada verde è una delle pietre più note in cristalloterapia; è simbolo di ricchezza materiale e spirituale. Si dice che protegge dalle energie negative. È particolarmente amata sia come pietra protettiva che ornamentale, in commercio se ne possono trovare di bellissime però bisogna fare attenzione alle imitazioni.

- **Tormalina verde**

La tormalina verde nei momenti bui ci aiuta a riconoscere gli aspetti positivi della vita e ad apprezzarli di più. Aumenta le vibrazioni positive di ciò che ci circonda.

- **Avventurina Verde**

L'avventurina verde è una pietra perfetta per il Toro in cerca dell'ispirazione perduta, proprio quella necessaria ad arrivare alla fine di un percorso. Promuove anche il desiderio di confrontarsi con gli altri.

È una delle pietre più facili da trovare, ma bisogna stare attenti sempre alla sua autenticità.

• **Fluorite verde**

La fluorite verde aiuta a liberarsi sia dalle dipendenze fisiche che da quelle emotive. Con la fluorite verde si arriva a trovare l'equilibrio tra mente e cuore.

Gemelli

Le persone nate sotto il segno dei Gemelli sono particolarmente inclini ai rapporti interpersonali. Sono persone intelligenti, amano fare festa e portano allegria nel gruppo anche grazie alla loro viva immaginazione. Sono capaci di comprendere bene due punti di vista molto diversi tra di loro, per questo motivo difficilmente riescono a schierarsi dall'una o dall'altra parte. Un aspetto che delle volte non piace molto alle persone. Alcuni Gemelli sono lunatici. Cambiano umore continuamente e non hanno un carattere forte. Tendono a seguire gli altri, adattandosi alle più diverse situazioni. Sono persone con tanti interessi ma, se non stanno attenti a sceglierne uno, rischiano di non poterli rendere qualcosa più di semplici hobby. Sono persone curiose, sveglie, amano stare in compagnia e sono persone sincere nei rapporti.

- **Quarzo Citrino**

Il Quarzo Citrino influenza in modo positivo le idee e l'intelligenza, ed è decisamente perfetto per i Gemelli. L'uso di questo cristallo, inoltre, aiuterà il segno a migliorare la sua memoria e avere più energia mentale. Da usare assolutamente quando si deve studiare per un esame importante.

- **Topazio**

Il topazio è simbolo di coraggio e di saggezza. Si tratta di una pietra usata in cristalloterapia. Proprio come i nati sotto il segno zodiacale dei Gemelli ovunque si trova porta il buon umore. Insegna a far valere la propria autorevolezza.

- **Agata**

L'agata è una pietra presente in natura di molti colori. Tra i suoi vantaggi c'è che dona molto ottimismo ed energia, sia fisica sia mentale. Aiuta tra le altre cose a percepire in modo più chiaro quali sono i veri desideri piuttosto che quelli solo di passaggio.

- **Quarzo citrino**

Il quarzo citrino, pietra solare per eccellenza, forse la più nota tra le pietre gialle. Aiuta a trasformare le idee e i progetti per adesso fermi nella mente in azioni utili e produttive. Non solo, è considerata una pietra capace di attirare la ricchezza nella vita di chi la indossa.

Cancro

Il segno del Cancro è governato dall'elemento acqua. Ama proteggere ciò che è suo, soprattutto l'intimità degli spazi ai quali è fortemente attaccato. Sente forti i valori della casa e della famiglia, nei quali cerca di rifugiarsi per proteggersi dai pericoli dell'ambiente. Nei periodi negativi può notare il rischio in ogni cosa, a tal punto da isolarsi come arma di difesa. Nei suoi ambienti e nella sua anima permette di entrare solo a pochissime persone, quelle che davvero ritiene meritevoli di fiducia. Per chi non conosce la persona Cancro può sembrare scontrosa e poco propensa all'affettuosità; in realtà, alle persone che le sono vicine dimostra tutto il tuo affetto. È dotato di una grande sensibilità, è gentile ed è attento a non offendere il prossimo.

- **Pietra di Luna**

Si sa, in una brutta giornata, il dolce Cancro può provare emozioni super intense che possono far emergere ansie e paranoie. La Pietra di Luna è, sotto questo aspetto, il cristallo ideale per questo segno d'acqua. Infatti, il suo potere è quello di alleviare le tensioni interiori, regalando vibes di calma e serenità, e persino aiutare a stabilizzare le loro sensazioni a volte altalenanti e drammatiche.
La pietra di luna interviene su tutto l'apparato riproduttivo femminile. Bilancia le energie del corpo meglio di qualsiasi altra pietra e per questo motivo è consigliabile utilizzarla se in questo periodo ci si sente di vivere un profondo squilibrio. Tra gli altri effetti benefici vi è quello che rafforza la personalità.

- **Perla**

La perla stabilizza l'umore di chi la indossa. Aiuta a liberare le emozioni, accettando l'amore altrui senza bisogno di avere continue dimostrazioni. Regalare una perla a qualcuno è sicuramente un bellissimo gesto, considerando poi il suo valore economico. Per una persona nata sotto il segno del Cancro è ancor più indicata.

- **Cristallo di rocca**

Il cristallo di rocca promuove la sincerità. Porta gioia e serenità nei momenti più bui. Rende più fluido il passaggio di energia e in cristalloterapia viene usato soprattutto per questo motivo.

- **Rubino**

Il rubino in passato credevano che rendesse invulnerabile chiunque la indossasse. Oggi però si utilizza quando ci si sente un po' pigri e ci sembra di non riuscire più a sentire gli stimoli esterni. Spesso si tratta di un blocco legato al primo chakra.

- **Smeraldo**

Lo smeraldo è in sintonia con l'animo del Cancro perché è considerata una pietra dell'amore e dell'amicizia, nella loro versione pura e disinteressata. Di base, comunque, la si può usare semplicemente per riportare il benessere nella propria vita e per sentirsi in sintonia con gli altri e con l'universo intero.

Leone

Il segno del Leone è governato dall'elemento del fuoco e il pianeta dominante è il sole. Chi è nato sotto questo segno ha un carattere forte, è vitale ed estroverso. Spesso vede l'intera esistenza, anche nell'ottica della più piccola sfida, una lotta per la sopravvivenza, per emergere e per non farsi mai sopraffare dagli altri. Tende a dominare e spesso arriva a sentirsi padrone del mondo, al centro dell'attenzione; in realtà, però, nonostante difficilmente si renda conto di questo, è davvero facile ingannarlo, e questo perché, essendo un po' vanitoso, crede a tutte le lusinghe. Cosa che risulta ancor più facile a causa della sua generosità e bontà. È raro che un nato sotto il segno del leone mostri in pubblico le proprie sofferenze. È molto più facile che sopporti in silenzio fino a quando il dolore non è passato.

- **Occhio di Tigre**

L'Occhio di Tigre è noto come il cristallo tradizionale del Leone, perché permette di incanalare verso il segno maggiore creatività e positività. Questa pietra color ambra è capace di armonizzare i centri energetici, permettendo di raggiungere con più facilità e protezione nuova positività e un nuovo equilibrio.

- **Diamante**

In cristalloterapia il diamante viene ampiamente utilizzato perché dona vitalità, rigenera e purifica; aiuta a superare la paura ma anche gli eventuali stati depressivi. Aiuta ad apprendere nuovi concetti, adatto, quindi, a chi sta affrontando un periodo di formazione e di apprendimento.

- **Ambra**

Collegata sia all'elemento del fuoco sia a quello dell'etere, dell'energia, potenzia la natura solare di questo segno zodiacale. È la pietra della spontaneità, dell'ottimismo e dell'apertura verso il prossimo. Dona creatività e aiuta a raggiungere il successo. Potete optare per una bella pietra di ambra da portare sempre con voi.

- **Quarzo Citrino**

L'apertura di mente che offre il quarzo citrino è utile al Leone perché lo aiuta a riconoscere quelle lusinghe fatte con il solo scopo di manipolarlo.

Vergine

Le persone della Vergine hanno il senso del dovere e restano sempre molto umili. Non restano mai sedute troppo tempo senza far niente, vogliono sentirsi utili e star fermi per loro è sinonimo di tempo perso. La tendenza al perfezionismo però, può impedirgli di vedere l'insieme, per questo motivo il suo sbaglio più frequente è di lanciarsi in progetti dove non ha chiaro quale sia il risultato. Alcune volte il carattere sfocia nell'egoismo, nell'essere critico. Tra i vari difetti troviamo anche l'ipocondria, spesso i nati sotto il segno della Vergine cadono in questo tranello.

• **Diaspro Rosso**

Il segno Vergine e il Diaspro Rosso hanno molto in comune: entrambi sono noti per portare praticità e chiarezza in ogni ambito. Per questo motivo è decisamente il cristallo perfetto per questo segno di terra.
Il Diaspro Rosso dona una maggiore capacità di attenzione alla Vergine, già iper-organizzata e analitica di suo, consentendo di risolvere tutti i problemi rapidamente e senza intoppi.

• **Zaffiro**

Lo zaffiro comanda l'elemento acqua, rappresenta la verità e la costanza. Aiuta anche a rafforzare la comprensione reciproca, così come la lealtà. Ha un effetto calmante e riduce gli stati ansiosi, tipici di chi è nato sotto il segno della Vergine.

• **Corniola**

La corniola dona vitalità e allontana i sentimenti negativi. Molto utile per migliorare le relazioni interpersonali.
Per chi è nato sotto il segno della Vergine la corniola è di grande aiuto, insegna a prendere un po' più alla leggera tante cose per godersi meglio il momento.

- **Ametista**

L'Ametista porta serenità ed equilibrio nella vita. Allontana gli stati di agitazione, specialmente quelli dovuti al lancio di un nuovo progetto. Va usato per vedere una situazione non nel dettaglio ma dall'alto, in modo generico.

- **Quarzo rosa**

Considerata la pietra dell'amore, aiuta a superare le ferite emotive e sentimentali e ad aprirsi di più alle persone per dimostrargli ciò che si prova.

Bilancia

Le persone nate sotto il segno della Bilancia sono tendenzialmente molto altruiste, tendono a rafforzare le relazioni con gli altri in ogni occasione e sono sempre ben disposte a collaborare per raggiungere gli obiettivi. Sono ben propensi alla vita di coppia, specialmente quella equilibrata e senza troppi scossoni. Sono affidabili in amore e riescono a portare la tranquillità.

È un segno zodiacale che tende all'oggettività, difende la giustizia, cerca sempre di ridurre i conflitti e non ama fomentarli, per questo motivo "ogni cosa per lui va bene" pur di evitare il confronto.

• Lapislazzuli

Il suo colore blu intenso ricorda quello del cielo e le venature color oro le stelle, pattern perfetto per quell'esteta della Bilancia. Il Lapislazzuli aiuta a bilanciare le energie interiori, motivo per cui si abbina così bene con questo segno d'aria.
Il cristallo blu incoraggia il segno a essere più consapevole di se stesso e lo aiuta ad accettarsi per quello che è, ritrovando la propria armonia personale.

• Quarzo rosa

Il quarzo rosa si sposa perfettamente con la natura calma ed equilibrata dei nati sotto il segno della Bilancia. Di base è ideale indossarlo come collana per ridurre ansia e stress. È il tuo portafortuna ideale se desideri scoprire quali sono i tuoi doni e i tuoi talenti nascosti. Esistono tante collane di quarzo rosa tra cui scegliere ma volendo, puoi optare anche per gli anelli, i bracciali e gli orecchini.

• Tormalina verde

Aiuta a portare in evidenza gli avvenimenti più positivi di ogni singola giornata, imparando ad accogliere così il buono. Riduce la stanchezza e aiuta a rimanere concentrati sugli obiettivi. La tormalina verde è una pietra abbastanza rara e perciò costosa, sicuramente però, soprattutto se vuoi fare un regalo unico a una persona cara nata sotto il segno della Bilancia, questa è la pietra perfetta.

- **Opale**

L'opale è una bella pietra portafortuna, stimola, infatti, il desiderio di cambiamento già presente in tutte le persone. Indicato per chi vuole essere più ottimista per il proprio futuro. Aiuta a trasformare i sentimenti negativi in positivi.

- **Malachite**

La malachite è una pietra verde particolarmente apprezzata per le varie tonalità e per le forme rotonde che crea. A livello energetico è considerata una buona portafortuna per i nati sotto il segno della Bilancia perché rende più consapevoli delle proprie emozioni, dei traumi del passato, di ciò che ormai è tempo di lasciar andare perché fa solo male. Grazie a lei poi è possibile imparare a gestire la paura.

- **Crisoprasio**

Il crisoprasio è una pietra indicata per le persone che desiderano lasciare andare le paure e vogliono superare una qualsiasi forma di dipendenza, sia essa fisica e mentale. Aiuta a vedere con maggior positività la vita, a lasciarsi ossessionare meno dalle questioni.

Scorpione

Tra i 12 segni dello zodiaco è, forse, quello più profondo. Pensa a ciò che gli viene detto e non prende le idee altrui alla leggera; quando si sente attaccato però reagisce subito e parte all'attacco. Alcune volte a giuste ragioni, altre volte in modo un po' troppo eccessivo se si considera il torto minimo. Lo Scorpione è intelligente e non riesce proprio a tollerare la vicinanza delle persone che non lo sono. Sensuale e passionale, non ama nemmeno le relazioni frivole. Cerca sempre un perché dietro a ogni storia d'amore o amicizia.

- **Ossidiana**

E' un potente talismano dal potere protettivo. Portare sempre con sé questa pietra permetterà in poco tempo di apportare grandi cambiamenti personali, lavorando sui propri problemi nascosti che possono generare sofferenza. Aiuta a proteggersi dalle vibrazioni negative e a migliorare il lato intuitivo di questo segno d'acqua. Infine, l'Ossidiana spinge ad affrontare le proprie ombre, portando in luce tutte quelle situazioni che non hanno ancora una soluzione.

- **Rubino**

Considerata una pietra nobile, il rubino rende la mente più acuta. Dona coraggio, maggior autostima e una grande concentrazione su tutto ciò che si fa. Da usare nei momenti bui della vita.

- **Corniola**

Ottimismo, allegria e massima concentrazione sul presente. La corniola può essere di grande aiuto per lo Scorpione, soprattutto se vuole mitigare un po' la sua tendenza a mettersi subito sulle spine.

- **Diaspro rosso**

Conosciuta anche come la pietra guerriera, il diaspro promuove sia l'azione sia il coraggio. Utile per aumentare lo spirito d'iniziativa e l'onestà. Combatte i sensi di colpa.

- **Opale di fuoco**

Pietra portafortuna per lo Scorpione se deve affrontare un nuovo inizio. Mette in evidenza il suo spirito focoso e la sua passione.

Sagittario

I nati sotto il segno del Sagittario difficilmente riescono a star fermi; hanno bisogno di praticare sport, di tenere allenata la mente e intervenire subito quando si presenta un problema, rischiando però di essere un po' impulsivi nella scelta della soluzione. Amano l'avventura e in tutto quello che fanno tendono a essere molto ottimismi e passionali. Per questo motivo riescono nella maggior parte dei casi a raggiungere i propri obiettivi, spesso portandosi a casa anche degli eccellenti risultati. Difficilmente si lasciano abbattere a causa di una sconfitta; sono, invece, pronti a rialzarsi nuovamente e concentrarsi, dare il massimo per arrivare esattamente dove desiderano. Un temperamento dovuto anche dal suo elemento dominante, il fuoco, pieno di passione e calore. Illumina, vede oltre il buio, sa trasmettere passioni e ideali. Ogni tanto però la sua incapacità di fermarsi e riflettere prima di agire può farlo scottare. Quando si arrabbia lo fa in modo anche devastante.

- **Turchese**

Questa pietra dona maggior equilibrio tra le emozioni e i sentimenti, aiuta a gestire lo stress delle "troppe cose da fare" (atteggiamento tipico del segno) e insegna a riconoscere e dare priorità ai progetti più utili per il proprio benessere.

- **Azzurrite**

Rende un po' più critici, in questo modo aiuta a classificare meglio le scelte e prendere le decisioni più sensate. Rende più fluida la comunicazione.

- **Topazio**

Il Topazio rafforza quelle capacità già innate nella personalità del Sagittario, e cioè l'essere positivo, rialzarsi dopo una caduta e vedere oltre il periodo nero che si sta affrontando.

- **Zircone**

Aiuta a liberarsi dall'attaccamento delle cose materiali e apprezzare di più il lato spirituale della vita. Permette di tornare in contatto con le proprie radici.

Capricorno

La persona nata sotto il segno del Capricorno è per sua natura schiva, difficilmente lega con le persone ma quando lo fa è sempre presente, disponibile e si trasforma in una delle persone più affettuose che ci sono. Il Capricorno è un ottimo amico, cura la propria salute, fa attenzione a non cadere in delle relazioni "malate". Prima di fare un passo mette sempre in conto tutti i pro e i contro.

- **Giada**

Pietra preziosa dal colore verde intenso; il suo potere è quello di rafforzare la memoria e favorire la comunicazione, il coraggio e il pensiero.
Insomma, può aiutare il segno a dire a voce alta quello di cui ha bisogno, senza esitazioni. La Giada aiuterà il segno a manifestare i suoi desideri più veri e profondi, soprattutto in ambito relazionale e lavorativo.

- **Onice nera**

La pietra portafortuna per eccellenza è l'onice nera, un calcedonio davvero bellissimo.
Con l'onice nera potete dormire sogni tranquilli, o quasi.
In pratica, questa pietra va ad assorbire le energie negative per tramutarle in energie positive. Nel passato veniva usata contro il malocchio.

- **Tormalina nera**

La tormalina nera è un'altra pietra che purifica le energie. Aiuta a riconoscere i propri errori e trarne insegnamento per il futuro. Indossare la tormalina nera aiuta a schermarsi dalle negatività.

- **Ossidiana nera**

Porta alla luce gli aspetti negativi della personalità per lavorarci, senza però creare uno stravolgimento immediato. Permette di fare un lavoro graduale su se stessi. È conosciuta anche come la pietra sciamanica, in quanto veniva utilizzata per intervenire sui problemi fisici e aiutare la persona a guarire.

- **Quarzo fumé**

Aiuta a gestire la paura e lo stress. Rafforza il contatto con le energie superiori e permette di fare un profondo lavoro introspettivo. È una pietra dall'energia molto forte.

È una pietra che tra le altre cose, oltre che funzionare come portafortuna per i nati sotto il segno del capricorno, permette di tenere lontane le onde elettromagnetiche.

Acquario

Lo scopo della vita delle persone nate sotto il segno dell'acquario sembra quello di dover migliorare la vita a tutti: si sacrificano per i colleghi, per il fidanzato, per i genitori. Non dimostrano, però, un eccessivo attaccamento e, anzi, appaiono molto distaccati nei rapporti sociali e impersonali. Credono molto nella giustizia e sono persone dai forti ideali. Tendono, comunque, a cambiare spesso opinione e anche i piani. Questo perché hanno bisogno di continui stimoli, amano la libertà del poter prendere le proprie decisioni in autonomia senza dover rendere conto a nessuno.

- **Acquamarina**

Questa pietra lavora sul piano mentale, aiutando il segno dell'Acquario a velocizzare i processi di ragionamento e a trovare rapidamente la soluzione a ogni interrogativo. Inoltre, è particolarmente adatta anche per lavorare sulle proprie emozioni, sopratutto quando si hanno dei blocchi e delle difficoltà a lasciarsi andare con gli altri.

- **Cristallo di rocca**

Se l'Acquario come segno si mostra spesso poco equilibrato nelle scelte e nei sentimenti, il cristallo di rocca è perfetto proprio perché porta stabilità emotiva. Dall'altra parte però valorizza il desiderio di solitudine in quanto è un cristallo che promuove l'introspezione.

- **Zaffiro blu**

Una collana di zaffiro blu ha il suo costo e di certo non è il regalo adatto per qualsiasi occasione. Tuttavia se vi piacciono le pietre preziose, può essere una buona idea. Porta ordine tra i pensieri e dona volontà per raggiungere gli obiettivi prefissati.

- **Turchese**

Un ciondolo di turchese è sicuramente un regalo apprezzato. Porta equilibrio nei sentimenti, vi aiuta a perdonare voi stessi e gli altri per gli eventuali errori del passato (anche perché chi non li commette). Rafforza i pregi del segno, individualità, ma per il bene comune.

Pesci

Le persone nate sotto il segno dei pesci sono spesso descritte come di buon cuore, dal carattere aperto e tranquillo. Sono, però, molto soggette ad accusare di quelle esperienze negative che la vita mette loro davanti; nonostante questo, i loro aspetti positivi non vengono offuscati e riescono a essere di ispirazione alle altre persone. Sono sensibili, empatici e nella vita possono trovare il loro sbocco nel settore artistico. Chi nasce sotto il dominio dei Pesci ha un buon cuore, infatti, si presta volentieri ad aiutare gli altri senza aspettarsi qualcosa in cambio. Le esperienze negative li mettono a dura prova e sono tentati dalle dipendenze. Ha tratti introversi, possono dimostrarsi paurosi e riversare i timori verso chi amano. Idealizzano l'amore e questo li porta a delle cocenti scottature. Ogni loro relazione la vivono con passione e massimo coinvolgimento.

- **Ametista**

Questa pietra viola rappresenta la saggezza spirituale, caratteristica tipica di questo segno d'acqua.
Non solo, l'Ametista può aiutare anche a rafforzare l'intuizione e a proteggere dalle vibrazioni negative, il che è perfetto per i Pesci più sensibili. Infine, l'uso di questo cristallo può portare una maggiore concentrazione, migliorando la capacità di fare attenzione a tutto ciò che è importante e a far scendere con i piedi per terra i Pesci, sempre con la testa fra le nuvole.

- **Acquamarina**

Aiuta a lavorare tanto sulle emozioni. Rende più consapevoli e si addice alle persone dal carattere calmo. L'acquamarina è una pietra non semplice da trovare, lavorare con lei o indossarla come pietra portafortuna si manifesta senza dubbio come una gran bella esperienza. Le sue vibrazioni positive aiutano a trovare prima le idee giuste.

• Amazzonite

L'amazzonite aiuta a superare le delusioni e i traumi della vita. Dona molta più sicurezza in se stessi e insegna ogni tanto a dire di no, senza dare più di quanto effettivamente si può.

Proprio per questo motivo è adatta per chi è nato sotto il segno dei Pesci.

www.ingramcontent.com/pod-product-compliance
Lightning Source LLC
Chambersburg PA
CBHW060802050426
42449CB00008B/1500